입이 술술 풀리는 의료중국어

- 피부 · 성형편 -

입술 중국어

최지은

박영사

차례

프롤로그

난 왜 중국인 환자 앞에만 서면 긴장될까?
지금 내 앞에 있는 중국인 환자… 어떡하지?

대만과 중국 상해에서 8년 동안 어린 시절을 보냈습니다. 한국에서 중국어를 전공한 저는 중국어에 대한 자신감이 넘쳤습니다. 집에서 노트북으로 중국 TV 프로그램을 시청하는 것이 낙이였고 중국 소설책을 읽다가 간혹 모르는 단어가 나오면 사전을 찾는 재미에 스스로 알아가는 제 자신이 뿌듯했습니다.

2010년 8월, 중국인이 많은 호텔과 인천공항에서 통역업무를 비롯한 서비스업에 종사했습니다. 호텔에서 우연히 만난 중국인 고객이 소개한 피부과에 입사하게 되었고 그 당시 저는 의료에 대해서 몰라 현장에서 직접 부딪히며 3년 동안 의료통역코디네이터로 활동했었습니다. 그 후 의료경영컨설팅회사에서 컨설턴트로 활동하면서 한양대 경영전문대학원 의료경영 MBA 공부를 하였습니다. 그리고 지금은 병원코디네이터를 대상으로 의료중국어를 강의하면서 수강생의 요청에 의해 팟빵에서 '최지은의 입술중국어' 팟캐스트 방송을 활발히 진행하고 있습니다. 2012년 8월, 피부과에서 중국어통역코디네이터로 근무하는 첫날, 중국인 환자에게 통역하는 일을 가볍게 생각하여 예상치 못한 문제가 생겼습니다. 그 당시 병원에 자주 오는 VIP 중국인 환자에게 원장님 진료 내용을 전달하는데 꿀 먹은 벙어리처럼 입이 떨어지지 않았습니다. 환자가 제 입만 바라보니 겨우 입은 열었으나 중국어로 말하는 것이 그날따라 어색하고 불편했습니다. 의료중국어는 분명 또 다른 언어였습니다. 그날 고역스러운 통역이 어렵게 진행되는 동안 온몸은 식은땀으로 흥건하게 젖었고 마치 머릿속은 하얗게 정지된 기분이었습니다.

현장은 달랐습니다. 병원에서 사용하는 의료용어를 모르고서는 제아무리 언어에 능통한 사람이라도 전문통역에는 한계가 있다는 것을 뼈저린 경험을 통해 알게 되었습니다. 의료용어에 익숙하지 않은 상태에서는 통역에 문제가 생길 뿐 아니라, 어색한 전달과정에서 환자를 불안하게 만들 수 있습니다.

병원은 환자에게 정확한 치료내용을 전달해야 의료사고를 사전에 방지할 수 있습니다. 의료사고의 가장 근본적인 문제는 늘 원활하지 못한 소통에서 발생합니다. 환자의 입장에서는 낯선 타국에서 치료를 받는 입장이기 때문에 불안한 요소를 제거하고 심리적인 안정을 갖도록 도와주는 것이 중요합니다.

의료통역의 핵심은 진료 분야에서 반복적으로 사용하는 의료용어를 정확히 아는 것에서부터 시작합니다. 사실 병원 안에서 통용되는 언어는 매우 제한적이어서 반복되는 회화패턴과 사용어휘를 정리하여 반복연습을 하는 것이 가장 효과적인 학습법입니다.

단지 중국에서 오래 살았다고 전문통역에 능숙할 수는 없습니다. 분명 저와 같은 경험을 겪은 통역코디네이터들이 있을 것입니다. 의료중국어는 한정된 어휘 환경 안에서 이루어지므로 짧은 시간 안에 습득이 가능합니다. 이 책에서 나오는 의료중국어를 반복적으로 학습하신다면 의료통역의 현장 업무에 도움이 될 것입니다.

이 책은 의료통역코디네이터가 갖춰야 할 언어적 역량에 초점을 맞추어 저의 경험을 기반으로 쓴 실전 입문서입니다. 의료 관련 어휘, 문법, 회화사례는 이미 출간된 책들에 나와 있지만 시중에 있는 의료중국어 책을 보기 전에 본 책을 먼저 읽어보시기 바랍니다. 실제 병원 업무에 접근할 수 있도록 당시 현장에서 겪었던 상황과 연관해서 반드시 알아야 할 핵심 의료중국어를 정리했습니다. 의료 현장에서 중국인 환자와 접촉이 많은 중국어통역코디네이터, 중국어에 관심이 있는 의료종사자, 중국인 환자가 내원하는 병원의 취업준비생까지 누구나 읽을 수 있도록 실제 병원에서 일어났던 에피소드와 함께 녹여냈습니다.

책의 1장은 스스로 중국어를 배울 수 있는 환경을 만들어 책에 나오는 텍스트가 아닌 방송매체를 통해 중국어를 어떻게 공부하고 어떤 점에 초점을 맞추어 배워야 하는지 중국어 공부의 원리를 설명했습니다.

2장에서는 우리 주변에 노출된 의료중국어를 쉽게 배울 수 있는 방법과 병원 현장에서 반드시 알아야 할 핵심단어 100개를 정리했습니다.

3, 4장은 발음부터 문장까지 단기간 내에 입에서 술술 중국어가 나올 수 있는 노하우를 제시했습니다. 입에서 중국어가 나오기 시작하여 정확하게 중국어를 구사할 수 있도록 중국인 환자를 통역하는 데에 이 책이 여러분들에게 도움을 줄 것이라 믿습니다.

5장은 중국인 환자에게는 감성적인 접근 또한 필요하다는 점과 더불어 병원에서 환자에게 제공하는 의료서비스와 환자의 마음까지 헤아릴 수 있는 표현들을 알려드립니다. 더 나아가 병원 매출에 직결되는 중국인 환자를 장기 고객으로 관리하는 노하우를 정리했습니다.

마지막으로 6장에서 사후관리 차원의 환자가 알고 싶어 하는 관광안내서비스에 대해 알려드리며 이 책을 마무리합니다.

피부과에서 지난 3년 동안 의료통역코디네이터로 활동하며 중국인 환자를 응대하면서 겪었던 경험을 공유하고 싶었고 현재 중국인 환자에게 상처받고 힘들어하는 중국어통역코디네이터들에게 자신감을 주고 싶은 마음에 정성껏 집필하였습니다.

2017년 4월 27일 연합뉴스 기사에 따르면 보건복지부는 지난해 우리나라를 찾은 외국인 환자가 36만 4천 명으로 집계 되었으며 2015년보다 23% 증가했다고 밝혔습니다. 외국인 환자 중 중국인 환자가 우리나라에 가장 많이 방문한다고 합니다. 중국인 환자는 전년보다 29% 증가하여 무려 12만 7천 명이라고 합니다. 이들이 자주 찾는 진료과목은 성형외과(20%), 내과 통합(14.6%), 피부과(13.5%), 건강검진(9.3%), 정형외과(6.2%) 순입니다.

앞으로도 중국인들은 지속적으로 한국을 방문할 겁니다. 그럴 때마다 우리 병원에 내원한 중국인 환자를 아무런 준비 없이 응대할 것인가요? 이 책을 통해 미리 공부하고 준비해서 중국인 환자가 좋아하는 병원으로 거듭나시길 바랍니다.

끝으로 의료현장에서 중국인과 많이 접촉하는 분들, 병원에 취업하고 싶은 중국어통역코디네이터, 의료통역사 그리고 중국어에 관심이 있으신 모든 분들께 이 책이 도움이 되었으면 좋겠습니다. 제가 진행한 사내중국어강의를 들어주고 좋아해 주는 (주)HBA 직원들, 그리고 제 책을 기다려 준 분들께 진심으로 감사를 전합니다.

제1장

•

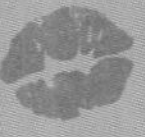

•

중국어를 책으로 공부해야 하나?

제1장

중국어를 책으로 공부해야 하나?

•
•
•

외국어를 공부할 때, 책이나 학원 또는 유학을 선택할 수 있습니다.
유학이나 학원은 시간과 비용이 필요한 반면
책은 언제 어디서나 학습할 수 있어서
가장 쉬운 접근은 역시나 책입니다.

그런데 문제는 책을 통한 학습의 효율성입니다.
책은 직접 말할 수 있는 환경이 아니라
눈으로 텍스트를 읽는 도구이기 때문입니다.
게다가 철저한 자기관리가 병행되지 않는 한
책 한 권을 제대로 끝내기가 쉽지 않습니다.

저 또한 여러분과 다르지 않았습니다.
중국어 책들이 책장 속에 한 가득이었지만
제대로 학습한 책은 한 권도 없었습니다.
마치지 못한 이유는
제가 중국어를 열심히 공부하겠다는 초심을 잃어서인가요?
아니면 열정이 없어서인가요?

사실 학습 성과가 부진한 이유를
개인의 열정 탓으로 돌려서는 안 됩니다.
실제 책이란 하나의 도구만으로 언어를 배운다는 것은
분명 한계가 있기 때문입니다.

무엇보다 어학은 흥미로워야 합니다.
자발적으로 익혀나갈 수 있는 흥미의 길을 찾아야 합니다.
매번 책을 사지만 곧 냄비받침으로 전락한다면
그것은 본인에게 맞지 않는 방법이니
책으로만 공부하겠다는 생각을 버리시는 게 좋습니다.
사람마다 성향이 다른 만큼
각자에게 맞는 방법을 고민하는 게 당연합니다.

저처럼 책 한 권을 끝내지 못하고
책으로 외국어 공부하는 것이 힘들다고 생각하시는 분들은
1장에서 제시한 공부법을 시도해보세요.
중국어에 대한 관심과 배우려는 열정만 있다면
누구나 할 수 있으니

포기하지 마세요.

1-1

매일 출퇴근 시 10분만, 귀에 투자하세요

현지에 오래 살았다고 해서 언어를 잘하는 것이 아닙니다. 실제 한인들 중에서 중국어를 못하는 사람이 상당수입니다. 한인커뮤니티 안으로만 생활권이 한정되면 중국에 있다고 해도 말을 할 수 없는 현상이 발생합니다. 반대로 중국에 가본 적이 없어도 얼마든지 유창한 중국어를 구사할 수 있습니다. 언어의 핵심은 노출입니다. 장소가 어디든 상관없이 장기적으로 보았을 때, 언어에 노출된 시간은 언어능력에 절대적으로 비례합니다.

바쁜 업무 중에 어학을 한다는 것은 쉽지 않습니다. 매번 결심해도 작심삼일로 끝나고 마는 것은 여러분의 탓이 아니라, 여러분의 환경 탓임을 명확히 인식하시기 바랍니다. 중국어는 학습해야 하지만, 학습이 일이 되어서는 지속할 수 없습니다. 즐기는 것이 답입니다.

먼저 책을 덮으세요. 중국어를 배울 수 있는 환경을 본인 스스로가 만들어야 합니다. 중국어를 자주 접하려면 중국영화, 중국드라마, 중국라디오방송, 중국예능프로그램, 중국신문 등 다양한 매체를 통해 친숙하게 접근해야 합니다. 언론 및 영상매체를 활용한다면 그 나라의 언어와 문화를 동시에 배울 수 있습니다.

중국매체 중 영화, 드라마, 예능, 라디오, 신문에 이르기까지 참고할 자료는 넘칩니다. 그러나 이 모두를 다룰 수는 없습니다. 여러분은 이 중 자신이 가장 편하게 접근할 수 있는 매체 하나를 정하고 일정기간 꾸준히 반복하며 학습할 수 있는 환경을 만들어야 합니다.

중국어를 잘 하려면 먼저 귀가 열려야 합니다. 어느 정도 들리게 되면 그다음 말을 하고 읽고 쓰는 영역으로 실력을 확장시킬 수 있습니다. 영화나 드라마를 좋아하는 분들은 눈으로 보는 매체를 선정해서 중국어를 들으셔도 좋겠습니다. 단, 가능한 자막에 의지하지 말고 귀로 듣는 연습을 하는 것이 도움이 됩니다. 자막을 보게 되면 대화에 등장하는 어휘 중에서 아는 것과 모르는 것을 구분하는 인식이 흐려집니다. 영상을 보다 보면 스토리에 휩쓸려 자막의 단어들을 다 안다고 생각해버리기 때문입니다. 자막을 보지 않는 상태에서 귀로 들으면 모르는 단어뿐만 아니라 안다고 생각했던 단어조차 들리지 않다는 것을 깨닫게 될 것입니다.

분명 알고 있는 단어였는데 왜 귀로는 들리지 않았을까요? 아마 많은 분들이 중국어뿐만 아니라 다른 외국어를 배우실 때도 이런 경험을 하셨으리라 생각합니다. 눈에는 보이는데 귀로 듣지 못한다면 여러분은 실상 그 단어를 모르는 것입니다. 그렇다고 당황하실 필요는 없습니다. 저 역시 한국인임에도 불구하고 국어사전을 찾다보면 아는 단어 이상으로 모르는 단어가 많다는 사실에 놀랍니다. 하물며 모국어가 아닌 외국어의 경우 모르는 것은 당연한 일입니다. 우리는 외국인입니다. 모르는 단어에 스트레스를 받지 마시고 사전을 찾아 지금부터 그 단어를 아시면 됩니다. 여러분은 먼저 외국어를 마스터한다는 생각부터 버리시기 바랍니다. 외국어는 서로간의 의사소통에 지장이 없으면 됩니다. 고급 어휘나 문장을 사용할 필요가 없습니다. 외국어가 유창한 사람일수록 말을 쉽게 한다는 점을 상기하시기 바랍니다.

1장의 핵심 주제는 귀를 여는 습관입니다. 드라마나 영화 같은 시청각 자료도 어학습득에 도움이 되지만, 동시에 청각만 사용하는 라디오 방송도 함께 들어보시길 적극적으로 권합니다.

중국 라디오 방송도 어플리케이션만 설치하면 언제 어디서나 들을 수 있는 장점이 있습니다. 라디오의 장점은 영상이 보이지 않기 때문에 전달자의 발음이 정확하다는 것입니다. 중국어는 성조로 이루어져 있어서 음의 높낮이에 따라 의미가 달라지기 때문에 라디오를 통해 정확한 발음과 발성을 익힐 수 있습니다.

라디오 방송을 들을 때 주의할 점은 전체 문장을 반복적으로 들어야 한다는 것입니다. 어플리케이션을 다운 받으면 방송내용을 반복적으로 청취할 수 있습니다. 출 · 퇴근길 매일 10분씩 듣고 말하기를 반복하다 보면 머리가 아니라 입이 먼저 문장을 기억하는 경험을 하게 될 것입니다. 중 · 고등학교 시절 팝송 외우던 때를 기억해 보세요. 의미는 몰랐어도 입이 가사를 따라 부르던 기억 말입니다. 무슨 말인지 몰라도 반복해서 꾸준히 들으면 귀가 열립니다. 정확한 소리가 들리기 시작하면 정확히 따라 말할 수 있게 됩니다. 일단 입이 단어를 기억하고 나면 뒤에 사전을 찾아 그 의미를 확인하면 됩니다. 듣기, 입으로 말하기, 찾고 확인하기의 과정을 반복하는 것이 책의 텍스트를 암기하며 익히는 과정보다 훨씬 효과적입니다.

출 · 퇴근 시간을 이용해서 10분씩만 들어보세요. 중국어를 모르는 초보자도 괜찮습니다. 생각해 보세요. 영어가 돼서 팝송을 외울 수 있었던 게 아닙니다. 팝송 한 곡을 여러 번 반복해서 듣고 불렀기 때문에 여러분 입에서 자연스럽게 노래가 나오는 것입니다. 중국어도 마찬가지입니다. 성조, 한어병음을 어렵게 배울 필요가 없습니다. 중국 방송 매체를 통해 들리는 한 문장이라도 반복해서 듣고 말한다면 입으로 외워버린 문장은 원어민에 가까운 발음을 하게 됩니다. 현지에 가면 그 나라의 언어를 빨리 습득합니다. 그 이유는 외국에 도착하는 순간부터 언어 환경 속에 24시간 노출되기 때문입니다. 그러나 언어에 노출되어 있다고 해서 느는 것이 아닙니다. 바로 이 지점을 사람들은 착각하고 있습니다. 언어에 실시간 노출되면 들립니다. 그러나 들린다고 해서 반드시 말을 할 수 있는 것이 아닙니다. 실제 중국에 거주하고 있는 교포들 중에서도 중국어가 서툰 분들은 백발백중 본인의 입으로 말을 하지 않았던 분들입니다. 상대의 언어를 듣고, 나의 언어로 소리를 내어 그 소리를 내 귀로 듣는 연습을 반복할 때, 말하기 실력은 늘게 되어 있습니다. 외국어 능력을 발달시키기 위해서는 반드시 내 목소리로 소리 내어 읽어야만 한다는 사실을 명심하세요.

1-2

취향저격! 의료중국어 공부를 위한 중국 라디오 어플 소개

아침에 눈을 뜨면 제일 먼저 스마트 폰으로 뉴스 기사, 인터넷 검색, 메일 확인, SNS, 방송 및 동영상 시청, 라디오 청취 등 여러 가지 일을 합니다. 특히 직장인들이 출·퇴근길에 외국어 공부를 할 수 있는 좋은 도구는 스마트 폰이라 생각합니다. 스마트 폰 하나면 한국에서도 해외 라디오 방송을 청취할 수 있기에 외국어 공부를 하시는 분들에게 가장 좋습니다. 어떤 외국어든 듣기의 왕도는 많이 듣는 것이기 때문입니다.

그래서 바쁘신 여러분들을 위해 중국어 공부하기 좋은 중국 라디오 어플들을 소개합니다. 중국 라디오 어플 소개 내용을 참고하시고 오늘부터 구글 플레이 스토어에 들어가서 중국 라디오 어플을 다운 받으세요. 취향대로 골라 출·퇴근 시 반복해서 들으시면 됩니다.

음악, 소설, 오락 프로그램, 라이프 스타일, 역사, 외국어, 강연, 어린

이, 비즈니스, 건강, IT 등등 분야 다양한 중국 팟캐스트입니다. 의료분야에 종사하시는 분들은 건강과 관련된 방송을 다운받아 출·퇴근 시 반복해서 들을 수 있습니다. 어떤 건강프로그램을 들어야 좋은지 잘 모를 경우 입술중국어가 추천하는 ④병원 현장에 도움이 되는 채널을 들어보시기 바랍니다. 방송은 6~10분 가량 진행되며 원어민이 설명하는 의학용어와 여러 질환에 대한 치료 및 예방법을 문장으로 들으실 수 있습니다.

• 喜马拉雅FM (히말라야FM)

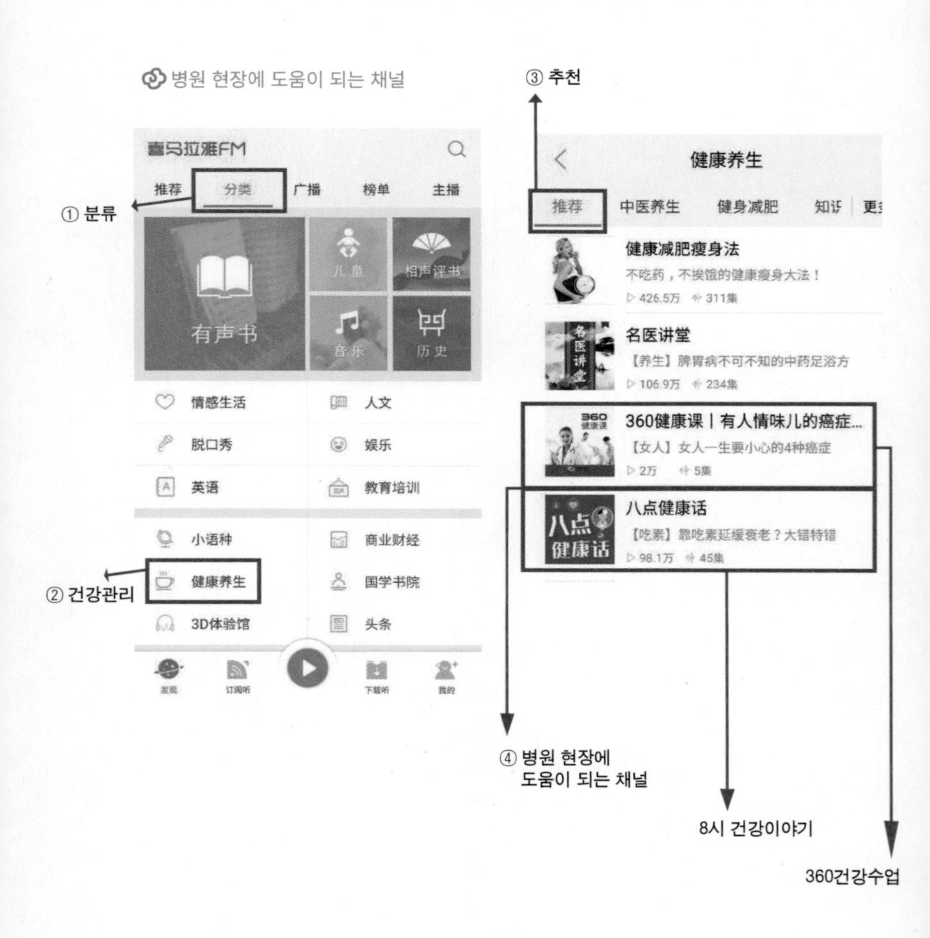

360 건강수업

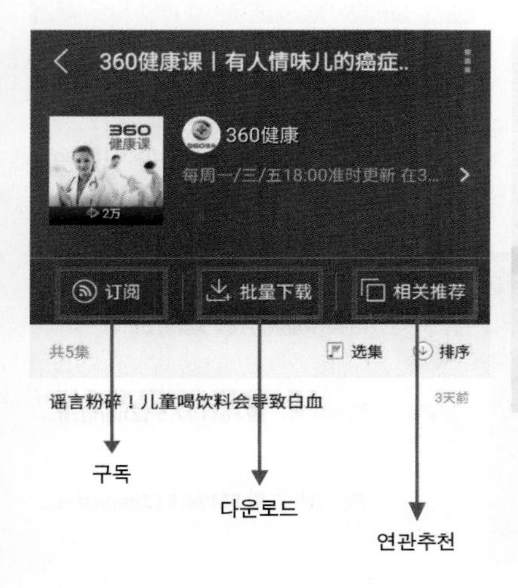

8시 건강이야기

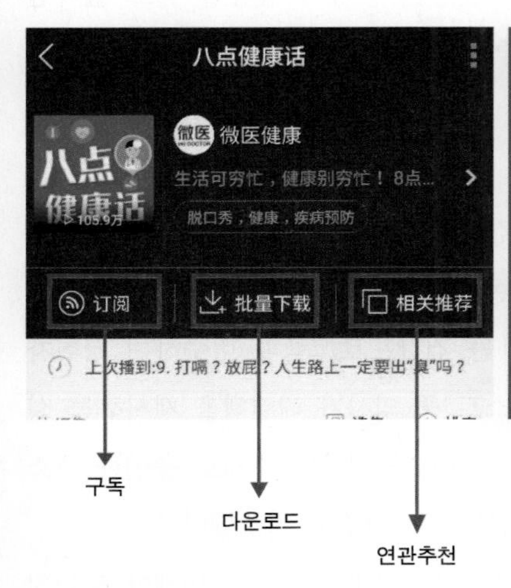

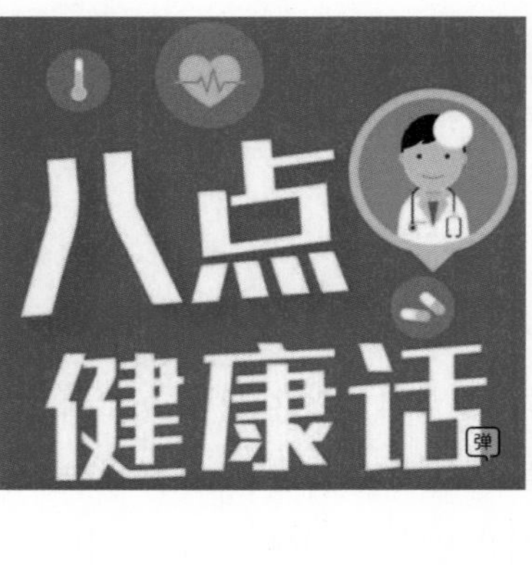

- Radio FM China
  (라디오 FM 중국)

중국 동부 '산시성' 생방송 건강프로그램

중국 지역별로 시사, 교양, 음악, 건강, 교통, 여행, 문화, 예술 등 실시간 생방송 라디오 프로그램으로 구성되어 있는 어플입니다. 본인이 관심 있는 방송을 들어도 좋지만 의료와 관련된 중국어 방송을 듣고 싶다면 '라디오 FM 중국' 어플에 나오는 중국 동부 '산시성' 생방송 건강프로그램을 추천합니다.

이 방송은 소아부터 성인까지 건강과 관련된 용어가 많이 나옵니다. 게스트와 MC가 질환 및 치료방법, 예방관리에 대해 진행하는 생방송입니다. 한국의 '무엇이든 물어보세요'라는 건강프로그램과 비슷하며 청취자들이 전화해서 증상을 물어보면 게스트 중 의사가 해결책을 제시하는 실시간 방송을 진행하기도 합니다. 또는 MC가 질환별 주제로 출연한 게스트 의사에게 청취자들을 대신해서 질문하는 방송도 진행합니다.

질의응답을 듣다보면 내가 중국인 환자에게 어떻게 설명해야 되는지 문장구조를 익힐 수 있습니다.

听书 • 中文听书FM集 (중국 오디오북 FM)

중국은 스마트폰을 이용해 전자책 대신 오디오북 청취로 독서 방식을 바꾸고 있습니다. 시력 문제로 인해 정상적으로 독서를 할 수 없는 중국인 1천 3백만 명, 그리고 문맹인들까지 가장 많이 이용하는 오디오북 무료 어플입니다.

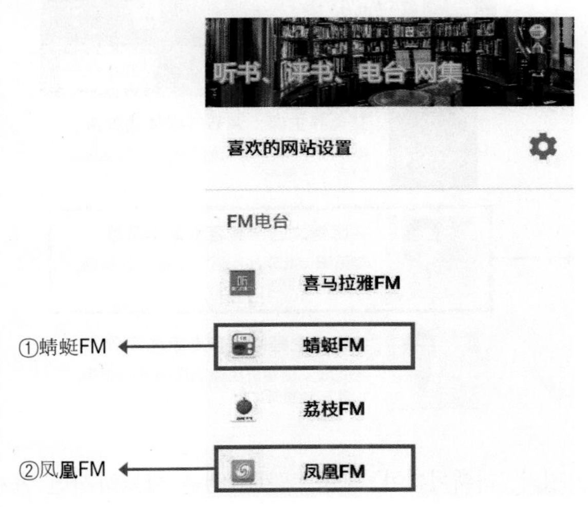

어플을 다운받으면 바로 '목록' 화면이 나옵니다. 실제 병원 현장에 도움이 되는 ①蜻蜓FM과 ②凤凰FM 채널을 추천합니다.

① 蜻蜓(qing ting)FM

蜻蜓(qing ting)FM에 들어가 메인화면 스크롤을 이용해 내려가면 '健康 건강' 카테고리 우측의 화살표를 클릭 후 '名医讲坛 명의 강연장' 우측의 화살표를 클릭하면 진료과별 의사들이 직접 방송하는 여러 의학 프로그램이 나옵니다.

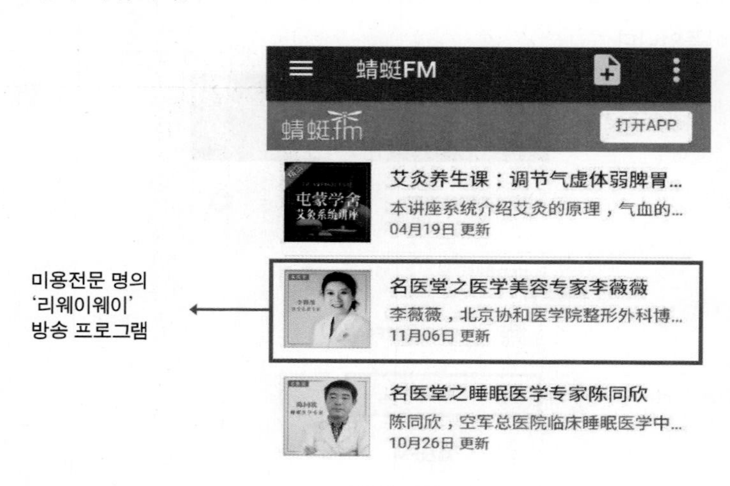

그 중 미용전문 명의 '리웨이웨이' 방송 프로그램을 클릭하시면 환자를 위한 피부과, 성형외과 관련된 의료용어와 수술법, 치료효과, 사후관리에 관한 설명을 직접 들으실 수 있습니다. 의사가 환자에게 설명하는 다양한 중국어 표현을 참고하여 중국인 환자와 대화하는 데에 활용할 수 있습니다.

② 凤凰(feng huang)FM

凤凰(feng huang)FM은 蜻蜓(qing ting)FM과 유사한 오디오 채널입니다. 다음 페이지의 그림처럼 메인화면 스크롤을 내리면 '健康养生 건강관리' 카테고리가 있습니다. 우측 붉은색 '更多 더보기'를 클릭해보세요.

公开课 更多

中国职场女性高层比例竟不足20%！

人生境界真善美

건강관리 카테고리 ← 健康养生 更多

秘密美人树

刚躺被窝就想上厕所，肾虚还是强迫症？

여드름 프로그램 ←

青春痘

NO1：青春痘的形成原因及过程

袁月小儿推拿

맨 하단 3페이지의 '青春痘 여드름' 프로그램을 청취해보시기 바랍니다. 중국인 환자들이 여드름 치료를 받으러 한국의 피부과에 방문합니다. 특히 20~30대 여드름 환자들이 많아 이들에게는 여드름의 원인 및 치료에 대한 충분한 설명이 필요합니다. 이 방송에서는 여드름 전문의사가 여드름의 원인, 치료과정, 세안방법, 식습관 주의사항, 예방관리, 여드름 흉터 치료 방법까지 알려드립니다. 피부과에서 근무하시거나 또는 피부과의원에 취업을 원하는 분들은 이 방송을 듣고 여드름 상담을 하는 데에 중국어로 어떻게 말해야 하는지 참고하시는 것이 좋습니다.

여러분께 알려드리는 중국 라디오 방송 어플들은 의료중국어 회화에 도움이 됩니다. 많이 들을수록 원어민처럼 정확한 발음으로 말할 수 있어 중국어 배우기 좋은 학습도구입니다.

Tip

중국 라디오 어플로 스마트한 공부법

1. 먼저 노래처럼 들으세요.
2. 그 다음 집중해서 들어보세요.
   모르는 단어 때문에 들리지 않아도 한 채널당 최소 3회 이상 반복해서 들어보세요.
3. '네이버 중국어 사전' 검색 창에 들리는 발음 그대로 한어병음을 입력해보세요.
   예를 들어 방송에서 '씨빠오'라는 말이 들렸다면 '네이버 중국어 사전' 검색 창에 한어병음 'xibao'를 입력하면 아래와 같이 나옵니다.

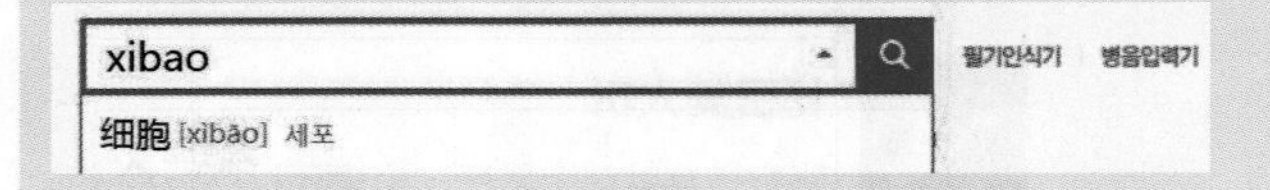

4. 모르는 단어를 3번에 제시한 대로 직접 찾고, 찾은 단어를 읽어보고
   또 다시 들어보세요.

1-3

이젠 중국 영상매체에 눈과 귀를 양보하세요

중국인 환자를 응대하는 일이 많다면 중국 메디컬 드라마가 도움이 됩니다. 중국 메디컬 드라마를 권하는 이유는 실제 병원 내에서 벌어질 수 있는 여러 상황에 대한 대화를 엿볼 수 있기 때문입니다. 드라마는 그 나라의 현실문화를 반영합니다. 드라마를 통해 우리가 알 수 있는 정보는 의외로 많습니다. 메디컬 드라마는 의학용어에서부터 중국병원 시스템과 중국의료문화, 나아가 중국인 환자의 성향을 파악할 수도 있습니다. 물론 드라마는 어디까지나 드라마일 뿐이지만 소설을 통해 타인의 다채로운 삶을 배워가듯 드라마 역시 배움이 있는 사람들의 이야기입니다. 의료통역코디네이터라는 직종에 종사하고 있거나 준비 중이라면 중국 메디컬 드라마는 꼭 보시길 추천합니다. 말이 빠르고 모르는 한자가 많더라도 스토리를 통해 의미를 추측해 가면서 보는 습관을 들여 보세요.

방법은 간단합니다. 드라마 한 편을 끝까지 본다는 목표를 가지고 매일 5분 정도의 분량으로 잘라서 보시기 바랍니다. 반복해서 보고 자막이 없는 상태에서도 충분히 정확하게 들린다면 다음으로 넘어가시기 바랍니다. 여유가 있다면 전체를 반복해서 보는 것도 좋은 방법입니다. 듣기가 익숙해지면 대사를 따라서 함께 발성해 보는 연습을 해 보시기 바랍니다.

중국 메디컬 드라마를 활용하면 실제 병원으로 내원하는 중국인 환자들과의 대화패턴을 익힐 수 있어 자연스럽고 세련된 언어를 구사하는데 도움이 됩니다. 대화를 모방하는 사이 본인의 중국어 발음 역시 몰라보게 좋아지게 됩니다. 드라마 속 환자와 간호사 간의 대화내용을 정리했다가 내원하는 중국인 환자에게 반복적으로 적용해 보세요. 상황을 만들어서라도 적용하는 연습을 반복하다보면 머리가 아닌 입에서 술술 나오는 중국어를 하게 됩니다. 드라마 작가가 뽑아 낸 텍스트는 쉽지만 자연스럽고, 문장에 세련미가 있습니다. 중국인 환자가 이런 유창한 중국어를 듣는다면 분명 여러분께 신뢰를 갖고 마음을 열 것입니다. 환자의 열린 반응은 분명히 직업적 만족감을 안겨줄 겁니다.

지금 이 장을 읽고 계시는 여러분, 언어를 배우는데 늦은 나이란 없습니다. 유학을 가지 않고서도 언어능력은 얼마든지 개발 가능합니다. 오늘부터 메디컬 드라마와 함께 즐겁게 시작해보세요.

1-4

의료중국어 회화에 도움이 되는 중국 메디컬 드라마 & 영화 소개

▶출처: www.baidu.com

外科风云(외과풍운)

'중국 저장위성TV'에서 2017년 4월 17일부터 2017년 5월 10일까지 방영된 44부작 메디컬 드라마입니다. 한국의 '하얀거탑', '골든타임', '낭만닥터 김사부'와 비슷한 장르입니다.

30년 전 일어난 의료사고의 진실을 밝히고 실종된 여동생을 찾기 위해 병원으로 들어온 천재 외과의사 '근동'과 당시 의료사고로 사망한 여성의 딸이자 외과의사로 근무 중인 '백백하'가 서로를 이해하며 사건의 진상을 파헤쳐 나가는 모습을 그린 내용입니다.

이 드라마를 보실 때 환자에게 수술 전 예진 시 질의응답, 수술치료, 수술결과 등 어떻게 설명하는지 자막을 잘 보시기 바랍니다. 동일한 단어가 반복적으로 나오기 때문에 드라마 장면과 같이 본다면 전체적인 줄거리를 이해하는데 큰 문제는 없을 것입니다. 특히 국제의료관광코디네이터나 의료통역사 자격증 취득 준비생이라면 '外科风云(외과풍운)'을 권합니다.

드라마 속 대사 외과풍운 30회 中 병원에서 자주 사용하는 표현

现在血糖是降下去了。
xiànzài xuètáng shì jiàngxià qù le.
혈당 내려갔습니다.

打完点滴您就能回家了。
dǎ wándiǎn dī nín jiù néng huíjiā le.
수액 다 맞으시면 집에 가셔도 됩니다.

以后您可得按时吃药啊。
yǐhòu nín kě dé ànshí chīyào a.
제시간에 약을 드셔야 합니다.

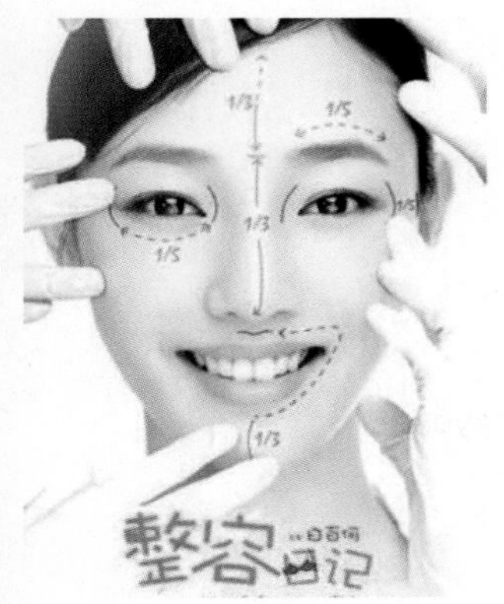

▶출처: www.baidu.com

整容日记(성형일기)

2014년 홍콩에서 개봉한 중국판 '미녀는 괴로워' 영화입니다. 외모지적에 대한 충격으로 성형수술을 통해 예뻐지려는 한 여자의 이야기를 그린 로맨틱 코미디입니다.

'외과풍운' 메디컬드라마에 출연한 '백백하'가 여주인공 '궈징'을 연기합니다. 궈징은 중국문학을 전공한 수재이지만 졸업을 하자마자 남자친구에게 차였는데 남자친구가 그녀를 버린 이유는 '자동차 사고현장' 같은 그녀의 외모 때문입니다. 외모 때문에 취업하기도 쉽지 않아 쌍꺼풀 수술을 한 다음 마침내 한국의 대기업에 입사하는데 성공합니다. '궈징'은 자신을 뽑아준 레이몬드 이사를 좋아하게 되고 그의 관심을 받기 위해 코성형을 했지만 그가 성형에 대한 부정적인 인식을 갖고 있다는 것을 알게 됩니다. 성형한 사실을 감추기 위해 자신이 만족할 때까지 성형수술 횟수를 늘려가며 미모에 집착하기 시작합니다.

감독 '린 아이훠'는 외모를 중시하고 성형수술에 익숙해진 중국인의 모습을 고스란히 담아냈습니다.

이 영화에서 중국 성형외과 상담실장에게 상담 받는 장면, 한국 성형외과에서 중국어통역코디네이터가 '궈징'이 원장님에게 진료를 받을 때 통역하고 있는 장면, 수술 후 입원실에서 의사와 얘기하는 장면까지 나옵니다. 성형외과에서 중국인 환자를 응대할 기회가 많으신 분들은 이 영화를 보시기 바랍니다. 시간을 내서 중국 메디컬 드라마를 보기가 어려운 분들은 방금 제시한 장면들을 골라서 보셔도 좋습니다.

드라마 속 대사 성형일기 中 병원에서 활용할 수 있는 중국인 환자 응대표현

A : 您好! 欢迎光临。
nínhǎo! huānyíngguānglín.
안녕하세요! 환영합니다.

B : 我想咨询一下做双眼皮。
wǒ xiǎng zīxún yíxià zuò shuāngyǎnpí.
쌍꺼풀 수술 상담 받고 싶은데요.

A : 是重睑成形术。
shì zhòngjiǎnchéngxíngshù.
这个手术每天都会有很多批顾客来做。
zhège shǒushù měitiān dōu huì yǒu hěn duō pī gùkè lái zuò.
我可以先安排您见咨询师。
wǒ kěyǐ xiān ānpái nín jiàn zīxúnshī.
네. 쌍꺼풀 수술은 매일 많은 고객님이 내원해서 하시는 수술입니다.
먼저 상담 실장에게 상담 받을 수 있도록 안내해드릴 수 있습니다.

B : 还有咨询师啊?
háiyǒu zīxúnshī a?
상담 실장도 계시나요?

A : 对、咨询师会根据您的要求介绍
duì, zīxúnshī huì gēnjù nín de yàoqiú jièshào
合适您的医生给您。
héshì nín de yīshēng gěi nín.
네, 상담실장이 고객님의 요구에 따라 적합한 원장님을 소개해드릴겁니다.

这边请。
zhèbiān qǐng.
이쪽으로 오세요.

여기서 这边请과 请这边은 같은 말입니다.

중국 메디컬 드라마와 영화는 다양하고 많지만 여러분이 어떤 영상을 보아야 할지 잘 모르실 수 있습니다. 여러분 업무에 도움이 되는 그리고 실제로 제가 피부과에서 근무하면서 반복해서 보았던 드라마와 영화 한 편씩 선정해서 알려드립니다. 위에서 알려드린 드라마와 영화에 나오는 표현들은 팟빵 '최지은의 입술중국어'에서 들으실 수 있습니다.

1-5

중국 메디컬 드라마 & 영화 속 의료용어 공부법

▶출처: www.iqiyi.com

중국 메디컬 드라마 '外科风云(외과풍운)'에 나오는 장면입니다.

这个病人有必要输血吗?

의사가 간호사에게 말하는 대사입니다. 대사에 나오는 단어 중 '输血'를 모른다고 가정해봅시다. 이 때 화면을 정지시킨 후 '输血'를 '네이버 중국어 사전'의 필기인식기를 활용해서 검색해보세요.

네이버 중국어 사전 - 필기인식기에 쓴 한자 / 단어 검색 결과 예시

输血
shūxuè
(输 입력하다 / 血 혈액, 피)
수혈

'输血' 검색결과

단어 검색결과 (1~5 / 총 26건)

输血 [shūxuè] TTS

1. [동사] 수혈하다.
2. [동사] [비유] (자금이나 재물을) 원조하다.

成分输血 [chéngfènshūxuè] TTS

1. [명사] [의학] 성분수혈.

交换输血 [jiāohuànshūxuè] TTS

1. [영양학용어] 교환수혈(交换輸血).

这个病人有必要输血吗?
zhège bìngrén yǒu bìyào shūxuè ma?
환자에게 수혈이 필요한가요?

병원에서 수술 시 수혈이 필요할 때가 많습니다. 환자 상태와 수술에 따라 수혈 여부를 정한 후 환자에게 그 사실을 전할 경우 '수혈'이라는 중국어를 알아야 합니다.

▶출처: www.iqiyi.com

영화 '整容日记(성형일기)'에 나오는 장면입니다.

我现在改变主意了。我要打麻醉药。

수술 시작 전 환자가 의사에게 급히 요청하는 대사입니다. 대사에 나오는 단어 중 '麻醉'를 모른다고 가정해봅시다. 이 때 화면을 정지시킨 후 '麻醉'를 '네이버 중국어 사전'의 필기인식기를 활용해서 검색해보세요.

네이버 중국어 사전 - 필기인식기에 쓴 한자 / 단어 검색 결과 예시

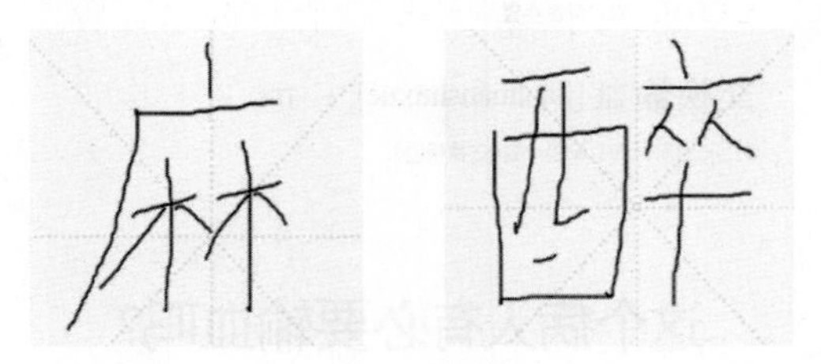

麻醉

mázuì

(麻 **마비되다** / 醉 **취하다**)

마취

'麻醉' 검색결과

단어 검색결과 (1~5 / 총 148건)

麻醉 [mázuì] 新HSK6 HSK T

1. [동사] [의학] 마취하다.
2. [동사] [비유] (의식을) 마비시키다. 현혹시키다.

麻醉品 [mázuìpǐn] TTS

1. [명사] [의학] 마약.
2. [명사] [비유] 음란 영상물 (서적).

麻醉师 [mázuìshī] TTS

참고로 위의 대사를 보시면 '痲醉' 앞에 '打'는 '주사를 맞다'할 때 쓰는 동사입니다. 따라서 '打痲醉'는 '마취를 하다', '마취제를 맞다', '마취제를 놓다'라는 의미입니다. 뒤에 '药'는 '약'이라는 뜻입니다.

我现在改变注意了。我要打麻醉药。
wǒ xiànzài gǎibiàn zhùyì le. wǒ yào dǎ mázuìyào.
지금 생각이 바뀌었어요. 마취해주세요.

마취비용은 추가 비용을 받기 때문에 치료비용을 절감하기 위해 마취를 안하고 수술하겠다고 결정하는 중국인 환자가 많습니다. 수술대에 누워있으면 불안함과 공포감에 수술 직전, 마취를 해달라고 요청합니다. '痲醉 마취'라는 단어는 꼭 알아야 합니다.

메디컬 드라마와 영화를 보며 모르는 단어는 사전을 통해 뜻을 알게 되고 동시에 등장인물이 말하는 발음까지 듣게 됩니다. 대사를 반복해서 보고 듣고 따라 말하는 연습을 하면 중국어 의료용어를 익히면서 문장으로 말하는 힘이 생깁니다.

Tip

모바일로 중국 메디컬 드라마 & 영화 시청하는 법

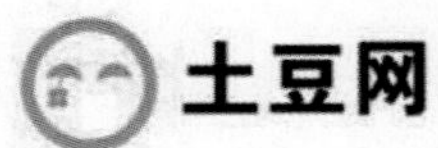

1. 구글 플레이 스토어 검색 창에 위 그림에 나오는 동영상 사이트 이름을 영문으로 입력하세요. 또는 중국어 자판을 설치한 후 중문으로 입력해도 됩니다.
2. 제시된 동영상 사이트 중 어플 하나를 다운 받으세요. 모르는 단어 때문에 들리지 않아도 한 채널당 최소 3회 이상 반복해서 들어보세요.
3. '외과풍운' 혹은 '성형일기'를 검색하셔서 매일 시청하시면 됩니다.

WWW

제2장

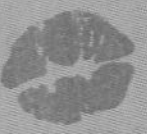

강남 · 압구정 병원 홈페이지, 브로슈어, 간판에서 중국어를 찾다

2장

강남 · 압구정 병원 홈페이지, 브로슈어, 간판에서 중국어를 찾다

•
•
•

병원 이름 중 한국어와 중국어가 같이 있는 병원 간판을 한 번쯤
보신 적이 있으신가요?
강남, 신사, 청담, 압구정, 명동….
한 집 건너 한 집 꼴로 늘어선 중소병원의 수는
셀 수도 없을 만큼 많습니다.

빌딩을 따라 위로 촘촘하게 올라간 간판들 중에서
중국어 간판 수는 단연 압도적입니다.
교차로에서 주변을 가득 메운 빌딩 사이로
무리를 지어 오가는 중국인들은 평일 휴일 할 것 없이
서울 도심의 일부가 되었습니다.

성형외과, 피부과, 치과는 내국인과 중국인을 위한
의료 기관이라 해도 과언이 아닙니다.
병원의 주요 고객이 중국인인 만큼
그들을 위한 안내 자료도 충실히 마련되어 있습니다.
병원 중문 홈페이지와 안내 자료는
더할 나위 없이 훌륭한 학습 자료입니다.

혹시 여러분 중에서 성형외과, 피부과, 치과를 직접 방문해서
중국어 안내문을 받아 보신 적이 있습니까?

실제 병원에 방문하지는 않았다 해도
중국어로 번역된 성형외과, 피부과, 치과 등의 홈페이지에
들어가 보신 적은 있으신가요?

현재 중국인 환자를 응대하는 직업에 종사하고 있거나
중국인 환자가 자주 내원하는 병원의 취업을 희망한다면
각 전공별 병원의 중문 홈페이지를 방문해 보실 것을 권합니다.

중문 홈페이지에는 해당 전문분야의 시술 용어에서부터
전공분야에 대한 상세한 설명이 올라와 있습니다.

2장에서는 여러분들의 번거로움을 덜어드리기 위해
꼭 알아야 할 피부 · 성형 핵심 중국어 단어 100개와
병원의 중문 홈페이지, 브로슈어, 간판을 활용하여

숨어있는 단어부터 문장까지 알려드립니다.

2-1

피부 · 성형 중국어 홈페이지&브로슈어 의료용어 파헤치기

피부과 중국어 홈페이지

强韩(姜韩)皮肤科

医院简介 | 皮肤疾病 | 特化诊疗门诊 | 特别门诊

医院简介
- 医疗团队介绍
- 本院特征与差异
- 姜韩美术馆
- 诊疗指南
- 到访介绍
- 演变
- 顾客安全系统
- 激光介绍
- Dermocosmetics

皮肤疾病
- 太田母斑
- 雀斑
- 老年斑

特化诊疗门诊
- 黄褐斑门诊
- 粉刺门诊
  - 青春痘治疗
  - 粉刺痤疮
- 毛孔门诊
- 疤痕门诊
- 头皮/脱发
- 毛细血管扩张症
- 红血丝

特别门诊
- 皱纹门诊
  - 融化线拉皮
  - PRP
  - ultraformer3
  - LDM
  - 补充注射/水光注射
  - 肉毒素/填充
- 美白门诊
  - 皮肤美白
  - 乳头美白

▶출처: http://www.kangskin.co.kr_중문홈페이지

皮肤疾病
- 太田母斑
- 雀斑
- 老年斑

特化诊疗门诊
- 黄褐斑门诊
- 粉刺门诊
  - 青春痘治疗
  - 粉刺痤疮
- 毛孔门诊
- 疤痕门诊
- 头皮/脱发

特别门诊
- 皱纹门诊
  - 融化线拉皮
  - PRP
  - ultraformer3
  - 补充注射/水光注射
  - 肉毒素/填充
- 美白门诊
  - 皮肤美白
  - 乳头美白

핵심단어 피부과 홈페이지 메뉴에 나오는 핵심 용어 소개

의료용어	한어병음	뜻
皮肤疾病	pífūjíbìng	피부질환
太田母斑	tàitiánmǔbān	오타모반
	여기서 잠깐! 회화에서 주로 太田痣라고 말한다.	
雀斑	quèbān	주근깨
老年斑	lǎoniánbān	검버섯
特化诊疗 / 门诊	tèhuàzhěnliáo / ménzhěn	특화치료 / 진료
黄褐斑门诊	huánghèbānménzhěn	기미진료
粉刺(=痤疮)门诊	fěncì(=cuóchuāng) ménzhěn	여드름진료
青春痘治疗	qīngchūndòuzhìliáo	여드름치료
毛孔门诊	máokǒngménzhěn	모공진료
疤痕门诊	bāhénménzhěn	흉터진료
头皮 / 脱发	tóupí / tuōfà	두피 / 탈모
特别门诊	tèbiéménzhěn	특진
皱纹门诊	zhòuwénménzhěn	주름진료
融化线拉皮(=埋线)	rónghuàxiànlāpí(=máixiàn)	실리프팅
填充注射 / 水光注射	tiánchōngzhùshè / shuǐguāngzhùshè	필러 / 물광주사
肉毒素 / 填充	ròudúsù / tiánchōng	보톡스 / 필러
	여기서 잠깐! 填充注射와 填充은 같은 말이다.	
美白门诊	měibáiménzhěn	미백진료
皮肤美白	pífūměibái	피부미백
乳头美白	rǔtóuměibái	유두미백
局部美白	júbùměibái	국부미백
伤痕美白	shānghénměibái	흉터미백
除毛(=脱毛)+美白	chúmáo(=tuōmáo)+měibái	제모+미백
妊娠纹美白	rènshēnwénměibái	임신선 미백

피부과 레이저 중국어 안내 자료 1

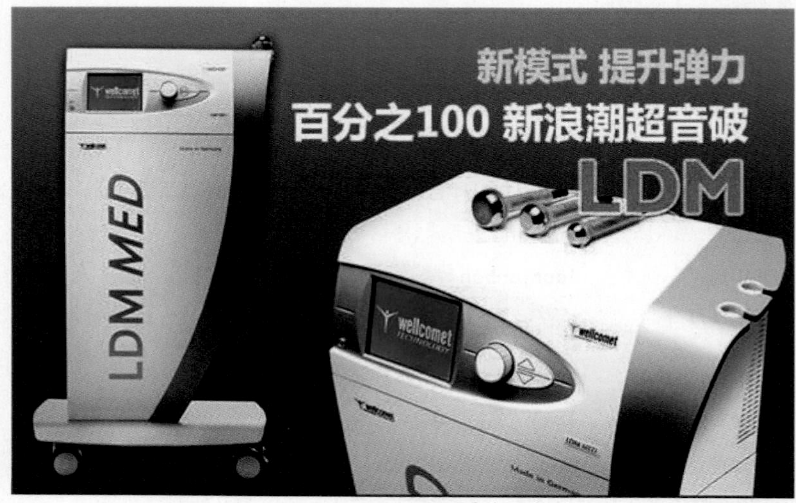

▶출처: http://www.kangskin.co.kr_중문홈페이지

핵심단어 피부과 안내자료에 나오는 핵심 용어 소개

의료용어	한어병음	뜻
皱纹	zhòuwén	주름
新模式 提升弹力	xīnmóshì tíshēng tánlì	신모델 리프팅 UP
百分之100	bǎifēnzhī yìbǎi	100%
新浪潮超音波	xīnlàngcháo chāoyīnbō	새로운 트랜드 초음파

여기서 잠깐!
超音波과 超声波는 같은 말입니다.

■ PRP

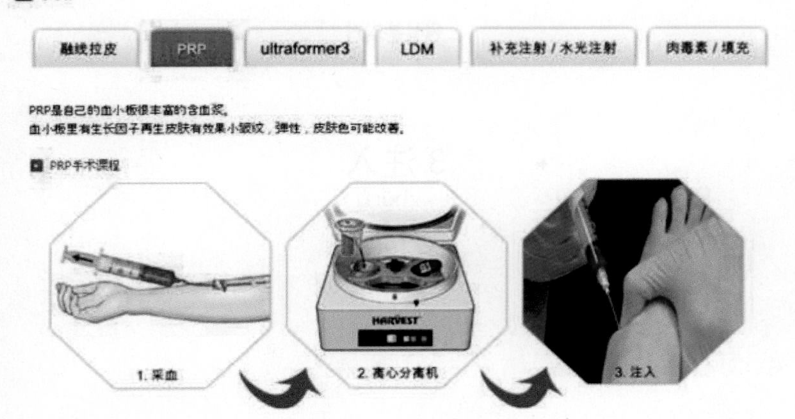

▶출처: http://www.kangskin.co.kr_중문홈페이지

핵심표현 피부과 안내자료에 나오는 핵심 표현 소개

小皱纹、弹性、皮肤色可能改善。
xiǎo zhòuwén, tánxìng, pífūsè kěnéng gǎishàn.
잔주름, 탄력, 피부색 등 개선 가능합니다.

PRP手术过程
PRP shǒushù guòchéng
PRP수술과정

1. 采血
cǎixuè
채혈

> 여기서 잠깐!
> 회화에서는 주로 抽血(chōuxuè) 단어를 사용합니다.

2. 离心分离机

líxīnfēnlíjī

원심분리기

3. 注入

zhùrù

주입

성형외과 중국어 홈페이지

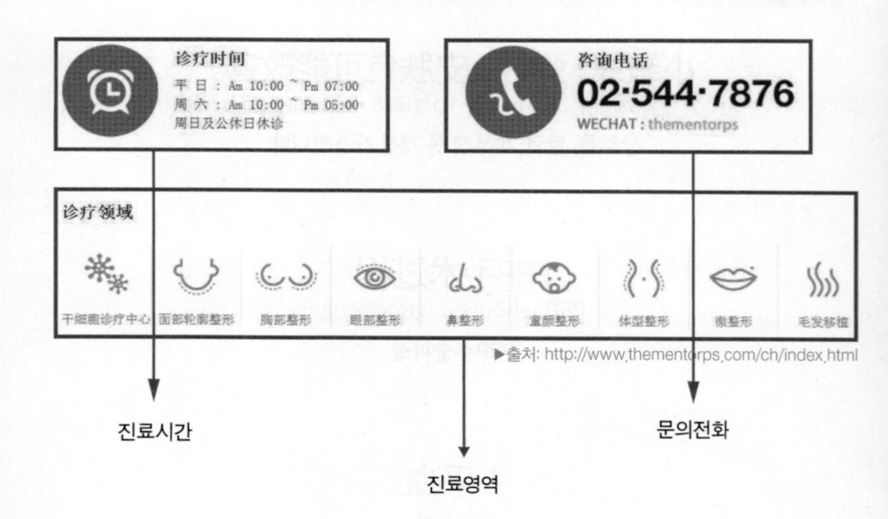

▶출처: http://www.thementorps.com/ch/index.html

핵심단어 성형외과 홈페이지 진료영역에 나오는 핵심 용어 소개

> 여기서 잠깐!
> 手术를 줄여서 术라고도 합니다.

의료용어	한어병음	뜻
干细胞诊疗中心	gànxìbāozhěnliáozhōngxīn	줄기세포진료센터
抗衰老注射	kàngshuāilǎozhùshè	항노화주사
软骨再生注射	ruǎngǔzàishēngzhùshè	연골재생주사
皮肤疤痕再生注射	pífūbāhénzàishēngzhùshè	피부흉터재생주사
脱发、头皮注射	tuōfā、tóupízhùshè	탈모, 두피주사
干细胞脂肪移植手术	gānxìbāozhīfángyízhíshǒushù	줄기세포 지방이식 수술
提臀整形	títúnzhěngxíng	힙업성형
面部轮廓整形	miànbùlúnkuòzhěngxíng	얼굴윤곽성형
颧骨整形	quángǔzhěngxíng	광대성형
四方形下巴整形	sìfāngxíngxiàbāzhěngxíng	사각턱성형
下颌角切削术	xiàhéjiǎoqiēxiāoshù	하악각 절제술
皮质骨切削术	pízhìgǔqiēxiāoshù	피질골 절제술
T 切骨术	T qiēgǔshù	T절골술
包子脸去除术	bāozǐliǎnqùchúshù	심부볼 제거술
肌肉切除术	jīròuqiēchúshù	근육 절제술
颌底前进术	hédǐqiánjìnshù	턱끝 전진술(무턱)
颌底缩小术	hédǐsuōxiǎoshù	턱끝 축소술(긴턱)
胸部整形	xiōngbùzhěngxíng	가슴성형
硅凝胶隆胸整形	guīníngjiāolóngxiōngzhěngxíng	실리콘 유방확대수술
圆形假体	yuánxíngjiǎtǐ	둥근(Round)타입 가슴 보형물
水滴假体	shuǐdījiǎtǐ	물방울 가슴 보형물
眼部整形	yǎnbùzhěngxíng	눈성형
非切开眼神矫正术	fēiqiēkāiyǎnshénjiǎozhèngshù	비절개눈매교정술

의료용어	한어병음	뜻
眼底脂肪去除术	yǎndǐzhīfángqùchúshù	눈밑지방제거술
眼底脂肪 再配置的手术	yǎndǐzhīfáng zàipèizhì de shǒushù	눈밑지방 재배치수술
切开法	qiēkāifǎ	절개법
鼻整形	bízhěngxíng	코성형
塌鼻整形	tābízhěngxíng	낮은 코 성형
鼻梁整形	bíliángzhěngxíng	콧대성형
鼻翼缩小	bíyìsuōxiǎo	콧볼축소
童颜整形	tóngyánzhěngxíng	동안성형
溶脂提升	róngzhītíshēng	아큐리프팅
体型整形	tǐxíngzhěngxíng	체형성형
腹部吸脂手术	fùbùxīzhīshǒushù	복부지방흡입성형
大腿吸脂手术	dàtuǐxīzhīshǒushù	허벅지 지방흡입성형
臂部吸脂手术	bìbùxīzhīshǒushù	엉덩이 지방흡입수술
微整形	wēizhěngxíng	쁘띠성형
填充物	tiánchōngwù	필러 물질
利多卡因	lìduōkǎyīn	리도카인(국소마취제)
毛发移植	máofàyízhí	모발이식
非切开毛发移植	fēiqiēkāimáofàyízhí	비절개 모발이식
切开毛发移植	qiēkāimáofàyízhí	절개 모발이식

溶脂提升手术方法

对于面部中央或下颌线等出现脂肪堆积、皮肤下垂的情形，对需改善的部位进行设计，采取睡眠麻醉法后，首先将导管插入皮肤吸脂，然后利用镭射溶脂激光，溶解脂肪组织，提升皮肤。

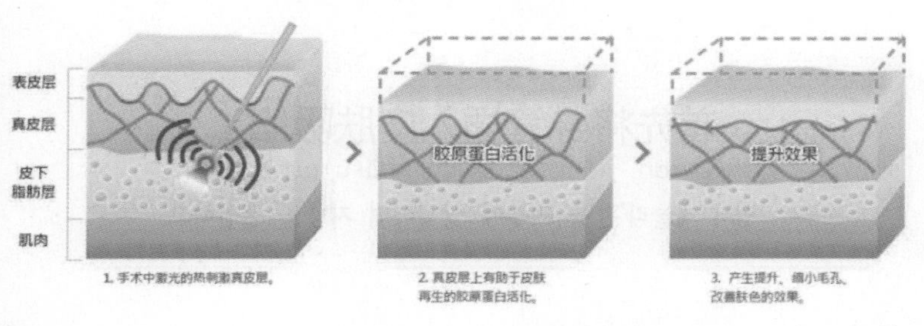

▶출처: http://www.thementorps.com/ch/index.html

溶脂提升手术方法

róngzhītíshēng shǒushù fāngfǎ

아큐리프팅 수술방법

对于面部中央或下颌线等出现脂肪堆积、

duìyú miànbùzhōngyāng huò xiàhéxiàn děng chūxiàn zhīfáng duījī,

皮肤下垂的情形、

pífū xiàchuí de qíngxíng,

얼굴 중안면부나 턱라인 등에 지방축적 및 피부 쳐짐이 있을 때

对需改善的部位进行设计、

duì xū gǎishàn de bùwèi jìnxíng shèjì,

개선하고자 하는 부위를 디자인하고

采取睡眠麻醉法后、
cǎiqǔ shuìmiánmázuìfǎ hòu,
수면마취를 한 후

首先将导管插入皮肤吸脂、
shǒuxiān jiāng dǎoguǎn chārù pífū xīzhī,
먼저 '케뉼라'관을 피부에 삽입하여 지방을 흡입하고

然后利用镭射溶脂、溶解脂肪组织、提升皮肤。
ránhòu lìyòng léishè róngzhī, róngjiě zhīfáng zǔzhī, tíshēng pífū.
아큐스컬프 레이저를 이용하여 지방조직을 융해하고 리프팅 합니다.

> 레이저는 중국어로 '**激光**'이지만 중국인 환자들이 레이저를 '**镭射**'라고 많이 부릅니다.
> '아큐스컬프 레이저' 영문이름으로 중국인 환자들한테 말하면 알아듣지 못하며
> '아큐스컬프 레이저'는 중국어로 정식 명칭이 없기 때문에
> '**镭射溶脂** 지방을 녹이는 레이저'라 부릅니다.

이처럼 전공별 병원 중국어 홈페이지를 통해 최신 의료기기 용어, 진료과목과 관련된 의학용어, 치료효과가 친절하게 소개된 중국어를 공부할 수 있습니다. 생소한 어휘는 인터넷 사전으로 찾아서 정확한 발음을 확인하는 것만으로도 여러분의 의료중국어 실력은 성장할 것입니다. 의료중국어 용어를 검색하고자 할 때는, '바이두(www.baidu.com)'를 이용하면 편리합니다. 이러한 절차는 여러분들이 중국인 환자에게 치료설명을 하는데 많은 도움이 됩니다.

2-2

꼭 알아야 할 의료중국어 피부 · 성형 핵심단어 100개

꼭 알아야 할 의료중국어 피부·성형 핵심단어 100개는 실제 병원에서 중국인 환자와 대화할 때 사용하는 실용중국어 단어입니다. 아래에 제시된 단어들은 '최지은의 입술중국어' 인스타그램에서 발음을 직접 들으실 수 있습니다. https://www.instagram.com/lipchinese/

핵심단어 원무과, 진료실, 검사실에서 자주 쓰는 핵심단어

단어	뜻	구성
初诊 chūzhěn	초진	初(처음) + 诊疗(진료)
初查 chūchá	1차 검사	初(처음) + 检查(검사)
再诊 zàizhěn	재진료	再(다시) + 诊疗(진료)
再查 zàichá	재검사	再(다시) + 检查(검사)
预诊 yùzhěn	예약진료	预定(예약) + 诊疗(진료)
诊查 zhěnchá	진찰	诊疗(진료) + 检查(검사)
住院 zhùyuàn	입원	住(살다) + 医院(병원)
出院 chūyuàn	퇴원	出(나가다) + 医院(병원)
院长(= 大夫) yuànzhǎng	원장	医院(병원) + 长(우두머리)
	*실제 의료현장에서 大夫보다 院长을 더 많이 사용.	
开药(= 处方) kāiyào	약을 처방하다	开始(시작하다) + 药(약)
	*중국인 환자에게 처방전을 줄 때 处方보다 开药를 더 많이 사용.	
预约(= 约) yùyuē	예약	预定(예약) + 约(약속)
	*约는 预约의 줄임말이며 환자가 예약을 했다고 말하거나 병원에서 예약을 할 때 사용하는 단어. *중국인 환자가 '예약을 했다'를 订(ding)이라고 말하는 경우가 있음.	
咨询 zīxún	상담	咨(자문하다) + 询 (묻다)
同意书 tóngyìshū	동의서	同意(동의) + 书(서류)
签名 qiānmíng	서명하다	签字(서명하다) + 名字(이름)
	*중국인 환자가 카드로 결제 시 '싸인 플리즈~' 영어로 말하지 말고 签名.	
体温 tǐwēn	체온	身体(신체) + 温度(온도)
吸烟(= 抽烟) xīyān	흡연	呼吸(호흡) + 香烟(담배)
	*문어체로 吸烟(흡연), 구어체로 抽烟(담배를 피우다) 사용.	
拳头 quántóu	주먹을 쥐다	拳(쥐다) + 头(머리모양)
	*握起拳头 = 握一下拳头 혈액검사 시 주먹을 쥐세요.	
请坐 qǐngzuò	앉으세요	请(~하세요) + 坐(앉다)
抽血 chōuxuè	피를 뽑다	抽(뽑다) + 血液(혈액)

핵심단어 환자의 상태 및 질환 등 자주 쓰는 핵심단어

단어	뜻	구성
情绪 qíngxù(=心情)	컨디션	感情(감정, 느낌)+绪(정서)
	*환자의 컨디션을 물어볼 때 자주 쓰는 말, 컨디션을 정서라는 표현으로 사용.	
恢复 huīfù	회복	恢(회)+复(복)
突出 tūchū	돌출하다	突(갑자기)+出(나오다)
过敏 guòmǐn	알레르기	过(지나치다)+敏感(민감하다)
高血压 gāoxuèyā	고혈압	高(높다)+血压(혈압)
低血压 dīxuèyā	저혈압	低(낮다)+血压(혈압)
糖尿病 tángniàobìng	당뇨병	糖(당)+尿(소변)+病(병)
黑眼圈 hēiyǎnquān	다크서클	黑色(블랙)+眼圈(눈 주위)
肿 zhǒng	붓다, 붓기(=水肿, 浮肿, 涨肿)	
	*중국인들은 肿보다 涨肿을 더 많이 사용. 涨肿은 涨(오르다)+肿(붓다), '붓기가 오르다'라는 뜻. *水肿과 浮肿은 의학사전에 나오는 단어라 중국인 환자들이 이 단어를 알지만 회화에서 잘 쓰지 않음.	
淤青 yūqīng(=淤血, 发青)	멍이 들다	淤(어혈)+青(푸르다)
起泡 qǐpào	물집이 생기다	起(일어나다, 생기다)+水泡(물집)
烧伤 shāoshāng	화상	发烧(열이 나다)+伤口(상처)
	*发烧(열이 나다)와 伤口(상처)가 만나면 '화상'이라는 단어.	
出血 chūxuè	출혈	出来(나오다)+血液(혈액)
	*出来(나오다)와 血液(혈액)이 만나면 '출혈'이라는 단어.	
流血 liúxuè	출혈	流(흐르다)+血液(혈액)
	*회화에서는 出血보다 流血를 더 많이 사용.	
疙疤 gēba(=疤痕)	상처의 딱지, 흉터	疙(부스럼)+疤(흉터)
	*掉疙疤 딱지가 떨어지다: 掉(떨어지다)+疙疤(딱지) *중국인 환자들은 疤痕보다 疙疤를 주로 사용하고 疤痕는 문어체에서 사용.	
结疤 jiébā(=留疤痕)	흉터가 지다, 흉터 남다	结(맺다)+疤(흉터)
	*중국인 환자에게 긁으면 흉터 생긴다는 말을 할 때 쓰는 단어	
痒 yǎng	가렵다	

别挠 bié náo	긁지 마세요	别(~하지 마라) + 挠(긁다)
别摸 bié mō	만지지 마세요	别(~하지 마라) + 摸(만지다)

핵심단어 수술실에서 자주 쓰는 핵심단어

麻醉 mázuì	마취	麻痹(마비) + 喝醉(술에 취하다)
全身麻醉 quánshēnmázuì	전신마취	全(전체) + 身体(신체) + 麻醉(마취)
	*중국인 환자들은 全身麻醉를 全麻로 줄여서 말합니다.	
平躺 píngtǎng(= 仰卧)	똑바로 눕다	平(평평하게) + 躺(눕다)
	*회화에서는 仰卧보다 平躺을 주로 많이 사용.	
侧躺 cètǎng	옆으로 눕다	侧(옆, 측면) + 躺(눕다)
	*수술 시 환자가 옆으로 누워야 할 경우 쓰는 말.	
抬头 táitóu	머리를 들다	抬(들다) + 头(머리)
设计 shèjì	설계, 디자인하다	设(설치하다) + 计划(계획하다)
	*성형외과에서 수술 전 얼굴에 디자인한다는 말을 설계라는 표현.	
矫正 jiǎozhèng	교정하다, 수정하다	矫(바로잡다) + 正(바르다)
缝合 féngé	봉합	缝(꿰매다) + 合(덮다)
	*缝合伤口 상처를 봉합하다: 缝合(봉합하다) + 伤口(상처)	
冷敷 lěngfū	냉찜질	冷(차갑다) + 敷(바르다, 칠하다)
热敷 rèfū	온찜	热(뜨겁다) + 敷(바르다, 칠하다)
	*冷敷와 热敷는 환자가 수술 후 붓기 관리를 설명할 때 자주 쓰는 단어.	
放松 fàngsōng(= 安静)	긴장을 풀다	放(놓아주다, 풀어주다) + 松弛(늘어나다)
	*환자가 시술 및 수술 전 긴장할 때 해줄 수 있는 단어.	
枕头 zhěntóu	베개	枕(베개 침) + 头(머리)
	*중국인 환자들은 높은 베개를 찾는 경우가 많아서 '枕头'라는 단어를 알아두는 것이 좋음.	
站起来 zhànqǐlái	일어서다	站(서다) + 起来(일어나다)
趴 pā	엎드리다	
	*趴一下 엎드리세요: 趴(엎드리다) + 一下(~하자)	
深呼吸 shēnhūxī	심호흡하다	深(깊다, 심) + 呼吸(호흡하다)
动 dòng	움직이다	

	*别动, 不要动 움직이지 마세요: 别(~마라) + 动(움직이다), 不要(~말아야 한다) + 动(움직이다)	
激光 jīguāng	레이저	激(격하다, 세차다) + 光(빛)
去痣 qùzhì(=去黄褐斑)	기미를 제거하다	去掉(제거하다) + 痣(점, 기미)
	*黄褐斑은 황갈반, 즉 '기미'라는 의학용어. 실제 중국인 환자한테 '黄褐斑' 보다 '痣'라고 말을 하는 것이 중국인 환자가 이해하기 좋음.	
去斑 qùbān	주근깨를 제거하다	去掉(제거하다) + 雀斑(주근깨)
点 diǎn(=黑点)	점	
	*点은 오직 점에만 사용해야 될 것. 기미, 잡티, 주근깨를 '点 점'이라고 표현할 때가 많아 통역 시 올바른 표현 사용.	
打针 dǎzhēn	주사를 맞다, 주사를 놓다	打(놓다) + 针(주사)
消除 xiāochú(=去掉)	없애다	消失(소실) + 除(제거하다)
埋线术 máixiànshù(=拉皮术)	실리프팅	埋(덮다, 숨기다) + 线(실) + 手术(수술)
	*실리프팅은 녹는 실을 이용해서 리프팅 수술을 하기 때문에 실이 녹아 없어지면서 콜라겐 생성.	
漱口液 shùkǒuyè(=漱口剂)	가글액	漱(입안을 가시다) + 口(입) + 液(액체)
	*성형외과에서 턱 수술 후 가글을 해야 할 경우 이 단어 사용하면 됨.	
胶原质 jiāoyuánzhì	콜라겐	胶(접착) + 原素(원소) + 物质(물질)
蛋白质 dànbáizhì	단백	鸡蛋(계란) + 白(흰색) + 物质(물질)
抗衰老 kàngshuāilǎo	항노화	抗生素(항생물질) + 衰(쇠하다, 약하다) + 老(늙다)
血小板 xuèxiǎobǎn	혈소판	血液(혈액) + 小(작다) + 板(판)
肝素 gānsù	헤파린	肝(간) + 素(요소)

핵심단어 보톡스, 필러 등 자주 쓰는 핵심단어

脸缩针 liǎnsuō zhēn	사각턱 보톡스	脸上(얼굴) + 缩小(축소) + 针(주사)
细皱针 xìzhòu zhēn	주름 보톡스	细(가늘다) + 皱纹(주름) + 针(주사)
		*예전에는 보톡스를 肉毒素라고 표현했지만 최근 중국인들이 부위별로 맞는 보톡스라고 해서 '부위 + 주사' 표현.
填充针 tiánchōng zhēn	필러	填(채우다) + 充分(충분히) + 针(주사)

핵심단어 환자에게 약 복용 여부 및 처방 등 자주 쓰는 핵심단어

副作用 fùzuòyòng	부작용	副(쪼개다) + 作用(작용)
抹药膏 mǒ yàogāo	연고를 바르다	抹(바르다) + 药膏(연고)
	*抹软膏와 같은 말.	
补铁药 bǔtiěyào	철분제	补充(보충) + 铁(철분) + 药(약)
	*중국인 여성 환자들이 복용하는 경우가 있어 복용여부를 물어보는 것이 좋음.	
镇静剂 zhènjìngjì	진정제	镇静(진정하다) + 剂(약제)
	*打镇静剂 진정제 맞다, 진정제 놓다: 打(놓다, 맞다) + 镇静剂(진정제)	
镇痛药 zhèntòngyào	진통제	镇静(진정하다) + 疼痛(아프다) + 药(약)
维他命 wéitāmìng (= 维生素)	비타민	维生素(비타민) + 他(타) + 命(생명)
	*중국은 외래어를 모국어로 바꿔서 말하기 때문에 비타민을 소리 나는 대로 조합해서 만든 단어. 维生素 대신 维他命를 주로 사용.	
阿司匹林 āsīpǐlín	아스피린	
	*중국은 외래어를 모국어로 바꿔서 말하기 때문에 소리 나는 대로 한자를 조합해서 만든 단어. *吃阿司匹林吗? 아스피린 약을 복용하십니까? (예진 또는 진료 시 환자가 아스피린을 복용하는지 꼭 물어보는 경우가 많음)	
退烧药 tuìshāoyào	해열제	退(물러나다) + 发烧(열이 나다) + 药(약)
消毒药 xiāodúyào	소독	消毒(소독) + 药(약)
消炎药 xiāoyányào	소염제	消毒(소독) + 炎症(염증) + 药(약)
止泻药 zhǐxièyào	지사제	防止(방지하다) + 泻(설사) + 药(약)

핵심단어 꼭 알아야 할 진료과 핵심단어

중국어	한국어	구성
内科 nèikē	내과	内(내) + 科(진료과)
外科 wàikē	외과	外(외) + 科(진료과)
麻醉科 mázuìkē	마취과	麻醉(마취)+科(진료과)
脑神经外科 nǎoshénjīngwàikē	신경외과	脑子(뇌) + 神经(신경) + 外科(외과)
小儿科 xiǎoérkē	소아과	小朋友(어린이) + 儿(아이) + 科(진료과)
皮肤科 pífūkē	피부과	皮肤(피부) + 科(진료과)
泌尿科 mìniàokē	비뇨기과	泌(분비하다) + 尿(소변) + 科(진료과)
耳鼻喉科 ěrbíhóukē	이비인후과	耳朵(귀) + 鼻子(코) + 喉(목구멍) + 科(진료과)
精神科 jīngshénkē	정신과	精神(정신) + 科(진료과)
眼科 yǎnkē	안과	眼睛(눈) + 科(진료과)
牙科 yákē	치과	
	*스켈링, 충치 등 기본적인 치료를 하는 병원	
口腔外科 kǒuqiāngwàikē	구강외과	口腔(구강) + 外科(외과)
	*임플란트, 사랑니 발치, 교정 중점 치료하는 진료과.	
妇产科 fùchǎnkē	산부인과	妇女(부녀) + 生产(출산) + 科(진료과)
胸部外科 xiōngbùwàikē	흉부외과	胸部(흉부) + 外科(외과)
放射线科 fàngshèxiànkē	방사선과	放射线(방사선) + 科(진료과)
麻醉科 mázuìkē	마취과	麻痹(마비되다) + 喝醉(취하다) + 科(진료과)
循环器官科 xúnhuánqìguānkē	순환기과	循环(순환) + 器官(기관) + 科(진료과)
骨科 gǔkē	정형외과	骨(뼈) + 科(진료과)
	*또는 矫形外科 = 整形外科 동일하게 사용하는 단어.	
整容外科 zhěngróngwàikē	성형외과	整容(성형) + 外科(외과)
	*整形外科(정형외과), 整容外科(성형외과) 한자가 비슷하여 혼동할 수 있는 단어.	

2-3

병원 간판 속 중국어 이름을 찾다

중국인 환자를 위해 중국어 이름이 새겨진 병원 간판에는 다양한 한자가 조합되어 있습니다. 간판에 노출된 한자의 뜻만 보아도 진료과목과 병원의 이미지를 떠올릴 수 있습니다. 병원 중문 이름의 어떤 한자를 선택하느냐에 따라 병원의 이미지가 결정됩니다.

우리 병원을 어떤 네이밍으로 차별화할 것인지 주변 병원의 중문 이름이 새겨진 간판을 주의 깊게 보세요. 참고로 중국어통역코디네이터, 의료통역사는 통역뿐만 아니라 중국인 환자 유치를 위한 홍보, 마케팅 업무도 맡기 때문에 여러분이 근무하는 병원의 중문 이름에 대해 고찰할 필요가 있습니다. 그래서 여러분들을 위해 두 병원의 중문 이름 사례를 준비했습니다.

청담셀의원
CHEONGDAM CELL CLINIC
清细胞医院

▶병원경영컨설팅 회사 재직 시 컨설팅한 병원 중문 이름

'清潭干细胞医院'은 '清潭(청담)+干细胞(줄기세포)+医院(의원)', 말 그대로 청담동 줄기세포 병원입니다. 병원 중문 이름이 길면 중국인 환자들은 병원 이름을 말하기가 익숙하지 않아 힘들어합니다. 병원 중문 이름과 이미지와의 연결이 중국인 환자 유치 마케팅에 큰 효과를 봅니다. 따라서 중국인 환자가 부르기 쉬운 병원 중문 이름을 지어 브랜딩 하는 것이 좋습니다.

말하기 어려운 '清潭干细胞医院'의 潭과 干을 빼서 말하기 쉽게 '清细胞医院'으로 지었습니다. '清细胞医院'의 清(청)은 清潭(청담), 청담동의 약자 이면서 맑고 깨끗함을 강조하였고, 细胞는 Cell 세포의 의미, 医院은 의원 즉, '병원'이라는 단어를 조합해서 '맑은 세포를 제공하는 줄기세포 병원'이라는 의미가 탄생되었습니다.

일전에 병원경영컨설팅 회사에서 컨설턴트로 근무를 했을 때 청담셀의원 개원 전 당시, 중국인 환자를 위해 '清细胞医院'이라는 중문 이름을 직접 만들었고 병원 중문 이름 간판을 보고 중국인과 통역사가 내원한 적이 있었습니다. 그들에게 '清细胞医院'의 의미가 무엇인지 아냐고 물어보았을 때 필자가 의도한 대로 '청담동에 있는 줄기세포 병원', 그리고 '맑고 깨끗한 세포를 제공하는 병원'이라는 느낌을 받아 병원 내부가 궁금해서 들어왔다는 말을 했습니다.

줄기세포 병원의 네이밍에 이어 피부과 중문 이름에 대해 설명하겠습니다.

▶당시 피부과에서 재직 시 번역한 병원 중문 이름
출처: http://www.kangskin.co.kr

姜韩皮肤科
jiāng hán pífūkē

원장님 성을 각각 따서 '강원장님과 한원장님께서 진료하는 피부과'라는 뜻에서 姜韩皮肤科(강한피부과)라고 지었습니다. 그런데 중국인 환자들은 병원 중문 이름에 대한 네이밍을 인지하기 어려웠을 뿐만 아니라 전화로 문의할 때 대부분 발음하기 힘들어 했습니다. 그래서 중국인 환자들이 쉽게 부를 수 있고 의미도 있는 중문 이름을 짓게 되었습니다.

强韩皮肤科
qiáng hán pífūkē

강할(강)과 우리나라(한)을 활용해서 한국의 강한피부과 또는 한국에서 환자의 피부를 튼튼하게 만들어 건강한 피부를 선사하겠다는 의미로 强韩皮肤科(강한피부과)라고 지어 중국인 환자들에게 홍보했습니다.

强韩(姜韩)皮肤科
qiáng hán(jiāng hán)pífūkē

당시 대표 원장님은 변경한 중문이름에 대해 만족했고 2개의 단어를 같이 쓰는 것이 좋을 것 같다는 의견이 나와 위에 제시한 단어로 병원 홈페이지에 반영했습니다.

이처럼 병원 중문 이름에 어떤 단어를 선택하느냐에 따라 중국인 환자의 내원이 결정됩니다. 여러분들이 중문 이름을 지어야 하거나 변경해야 할 일이 발생 할 것입니다. 알고 있는 한자를 잘 조합해서 병원이미지를 연상시킬 수 있는 좋은 이름을 지어보시기 바랍니다.

제3장

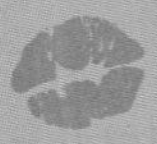

입에서 술술 중국어가 터지는 시간

3장

입에서 술술 중국어가 터지는 시간

•
•
•

중국인 환자 앞에만 서면 몸이 굳고 심장이 뛴다.

입속에는 말이 한 가득한테 정작 한마디도 자신 있게 뱉질 못한다.

식은땀이 나고 펜을 잡은 손이 축축하게 젖어온다.

처음 의료코디네이터라는 일을 시작했을 무렵

제가 겪었던 것 입니다.

여러분들도 위와 같은 증상을 경험을 하셨을 것이라 생각합니다.

한 사람만의 개인적인 문제가 아닙니다.

대부분이 겪는 일이니까요.

서툴러서 소통에 힘든 것도 있지만,

한국까지 와서 치료를 받는 분들의 예민함이

더 큰 어려움으로 다가올 때가 많습니다.

가족과 떨어진 타국에서 치료를 받는 입장을 생각하면

신경이 날카로워진 환자를 이해할 수 있습니다.

이런 분들의 감정을 잘 다루면서
의료 통역을 진행해야 하기 때문에
의료코디네이터라는 직업은 통역을 전담하는데에
업무영역을 제한하지 않습니다.

상담 역할이 주요 업무지만
의사의 말을 정확하게 전달해야 하는 무거운 책임을 지고 있습니다.

의사가 환자에게 치료 과정과 진행 경과에 대해 설명하면
최대한 정확한 언어로 전달해야 합니다.
간혹 말이 빠르거나, 미처 알아듣지 못한 용어가 등장하면
말을 놓칠 때도 있습니다.

3장에서는 환자를 능숙하게 응대하는 방법과
의료통역 시 특히 어렵다고 여겨지는 문제들을
함께 확인하고 해결해가는 장으로 준비했습니다.

중요한 어휘의 발음에서부터 관용표현까지
병원 현장에서 빈번하게 사용되는 문장을 중심으로
즉시 적용할 수 있는 표현법을 알아봅시다.

3-1

정확하게 발음해야 의료 無사고

중국인들이 내원하는 병원은 쉴 틈 없이 바쁘고, 각자의 업무가 분업화 되어 있어서 복잡하고 예민하게 운영됩니다. 환자에게 수준 높은 진료와 치료는 기본이고, 배려와 감성을 담은 환자 중심의 의료서비스를 제공해야하는 병원의 하루는 매일같이 정신없이 돌아갑니다.

의료코디네이터는 환자를 이해할 필요가 있습니다. 병원 내에서는 일상적으로 쓰이는 용어지만 환자의 입장에서는 낯선 단어입니다. 물론 치료를 목적으로 오는 환자들은 병원에 대한 사전조사를 하고 내원하기 때문에 치료에 관련된 내용과 용어를 어느 정도 학습하고 있습니다. 그렇다 하더라도 의료코디네이터는 환자가 의료지식이 전무한 상태라고 가정하고 쉽게 알아들을 수 있는 친절한 언어로 설명을 해 주어야 합니다. 쉽지만 정확한 설명으로 정보를 전달해야 합니다.

생각해보세요. 말이 통하지 않는 타국의 어느 병원 수술대에 올라야

하는 것이 환자들의 입장입니다. 내국인에 비해 몇 배는 두렵고 걱정되는 것이 당연합니다. 중국인 환자들은 질문이 많습니다. 그것은 단순히 궁금하기 때문이 아니라, 낯선 환경이 두렵기 때문입니다. 이 때 의료코디네이터는 정확한 치료 정보와 진행 과정을 매우 쉬운 언어로 설명해 주어야 하고, 다소 시간이 걸린다 하더라도 환자를 이해하는 입장에서 인내심을 가져야 할 것입니다.

정확한 의사전달을 위해서는 무엇보다 정확한 발음이 필수입니다. 중국의 경우 발음 자체에 높고 낮음이 있어서 정확하게 발음하지 않으면 중국인 환자들은 단어 자체를 잘못 알아듣거나 오해할 소지가 큽니다. 의료코디네이터는 병원의 대표 얼굴입니다. 모든 말과 감정이 의료코디네이터를 통해서 전달되기 때문입니다. 환자와의 첫 대면에서 부정확한 발음으로 인해 의료정보가 잘못 전달되기라도 한다면 환자는 병원 자체의 신뢰에 문제를 제기할 수도 있습니다.

중국어를 정확하게 발음하지 않으면 실제 어떤 오해가 발생하는지 알아보겠습니다.

눈	yǎnjing 일까요? yǎnjìng 일까요	眼睛 yǎnjing 눈 眼镜 yǎnjìng 안경
눈꼬리	yánjiào 일까요? yǎnjiǎo 일까요?	眼角 yǎnjiǎo 눈꼬리 言教 yánjiào 말로 가르치다
눈꺼풀	yǎnjiān 일까요? yǎnjiǎn 일까요?	眼睑 yǎnjiǎn 눈꺼풀 眼尖 yǎnjiān 눈이 예리하다, 날카롭다, 눈치가 빠르다
콧대	bǐliáng 일까요? bíliáng 일까요?	鼻梁 bíliáng 콧대 比量 bǐliáng 대충 재다
코끝	bíjiān 일까요? bǐjiān 일까요?	鼻尖 bíjiān 코끝 比肩 bǐjiān 어깨를 나란히 하다
콧구멍	bìkōng 일까요? bíkǒng 일까요?	鼻孔 bíkǒng 콧구멍 碧空 bìkōng 푸른 하늘
가글하다	shùkǒu 일까요? shūkǒu 일까요?	漱口 shùkǒu 가글하다 书口 shūkǒu 책배
염증을 없애다, 소염	xiāoyán 일까요? xiàoyàn 일까요?	消炎 xiāoyán 염증을 없애다, 소염 效验 xiàoyàn 효과, 효력
배게	zhěntou 일까요? zhēntóu 일까요?	枕头 zhěntou 배게 针头 zhēntóu 주사바늘
얼굴에 상처를 입다	shàngliǎn 일까요? shāngliǎn 일까요?	伤脸 shāngliǎn 얼굴에 상처를 입다 上脸 shàngliǎn 얼굴 윗부분
염증	yánzhèng 일까요? yánzhěng 일까요?	炎症 yánzhèng 염증 严整 yánzhěng 엄격하고 정연하다
섭취하다, 흡수하다	xǐshǒu 일까요? xīshōu 일까요?	吸收 xīshōu 섭취하다, 흡수하다 洗手 xǐshǒu 손을 씻다
단백질	jiāoyuán 일까요? jiàoyuán 일까요?	胶原 jiāoyuán 단백질 教员 jiàoyuán 교원, 교사
혈액	xuèyè 일까요? xuéyè 일까요?	血液 xuèyè 혈액 学业 xuéyè 학업
지방	zhīfáng 일까요? zhǐfāng 일까요?	脂肪 zhīfáng 지방 纸坊 zhǐfāng 종이를 만드는 집
수두	shuídōu 일까요? shuǐdòu 일까요?	水痘 shuǐdòu 수두 谁都 shuídōu 누구도
지혈하다	zhǐxuè 일까요? zhìxué 일까요?	止血 zhǐxuè 지혈하다 治学 zhìxué 학문을 하다
쑤시는 듯한 통증	jiāotōng 일까요? jiǎotòng 일까요?	脚痛 jiǎotòng 쑤시는 듯한 통증 交通 jiāotōng 교통

찌르는 듯한 통증	cìtòng 일까요? cìtóng 일까요?	刺痛 cìtòng 찌르는 듯한 통증 刺桐 cìtóng 엄나무(나무의 종류)
가벼운 통증	qíngwèi 일까요? qīngwēi 일까요?	轻微 qīngwēi 가벼운 통증 情味 qíngwèi 정서
맥박	màibó 일까요? màibō 일까요?	脉搏 màibó 맥박 脉波 màibō 맥파
상처	shāngkǒu 일까요? shàngkǒu 일까요?	伤口 shāngkǒu 상처 上口 shàngkǒu 낭랑하다, 입에 맞다
습진	shīzhěn 일까요? shízhēn 일까요?	湿疹 shīzhěn 습진 时针 shízhēn 시침, 시계바늘
교정하다	jiǎozhèng 일까요? jiàozhèng 일까요?	矫正 jiǎozhèng (신체 균형을) 교정하다 校正 jiàozhèng (잘못된 글자를) 교정하다
뺨, 볼	liǎnjiá 일까요? liánjià 일까요?	脸颊 liǎnjiá 뺨, 볼 廉价 liánjià 싼 값
눈에 띄게	míngxiǎn 일까요? míngxiàn 일까요?	明显 míngxiǎn 눈에 띄게 明线 míngxiàn 노출형 배선
박리	bōlí 일까요? bōli 일까요?	剥离 bōlí 박리 玻璃 bōli 유리
팽팽하게 잡아당기다	jǐnbēng 일까요? jīnbèng 일까요?	紧绷 jǐnbēng 팽팽하게 잡아당기다 金镚 jīnbèng 금화
눈밑지방	yǎndài 일까요? yāndài 일까요?	眼袋 yǎndài 눈밑지방 烟袋 yāndài 담뱃대
제모	tuōmào 일까요? tuōmáo 일까요?	脱毛 tuōmáo 제모 脱帽 tuōmào 모자를 벗다
부종	shuǐzhǒng 일까요? shuǐzhōng 일까요?	水肿 shuǐzhǒng 부종 水中 shuǐzhōng 수중
정맥	jìngmài 일까요? jìngmǎi 일까요?	静脉 jìngmài 정맥 竞买 jìngmǎi 경매하다
지방을 녹이다	róngzhī 일까요? róngzhì 일까요?	溶脂 róngzhī 지방을 녹이다 溶质 róngzhì 용질, 용해질
투명하다	tóumíng 일까요? tòumíng 일까요?	透明 tòumíng 투명하다 投明 tóumíng 동틀녘
피딱지	xuèjiā 일까요? xuējià 일까요?	血痂 xuèjiā 피딱지 削价 xuējià 가격을 내리다, 할인하다
건조하다	gānzào 일까요? gǎnzào 일까요?	干燥 gānzào 건조하다 赶造 gǎnzào 서둘러 만들다

정확하지 않는 발음은 정확하지 않는 정보가 됩니다. 의료통역은 잘못된 정보전달이 치료 과정 중 중대한 오해를 불러일으키거나 예기치 못한 결과를 초래할 수 있다는 점에서 매우 신중하고 정확히 진행되어야 합니다. 대부분 의료사고의 시작은 잘못된 정보 전달로부터 비롯된다는 점을 명심하고 고급어휘를 습득하는 것뿐만 아니라 정확한 발음을 구사하는 연습을 게을리 해서는 안 됩니다.

3-2

단어와 단어를 연결하면 그게 바로 회화

외국어가 익숙해지면 짧은 문장들로 정확하게 말하는 습관이 생깁니다. 완벽한 문장은 문법적으로 완벽한 것이지 정서적으로 완벽한 것은 아닙니다. 일상 대화에서는 자주 주어를 생략하고 말하곤 합니다. 문법에 집착하면 할 수 있는 말도 못하는 기이한 경험을 하게 됩니다. 어학을 배울 때, 말이 안 되는 이유는 단 하나입니다. 말을 못하는 것이 아니라, 완벽한 문장으로 말하려 하기 때문이지요. 머릿속으로 문장을 생각하고 있는데 내원한 환자가 내 입만 쳐다보고 있다고 생각해보세요. 침묵의 시간이 흐르는 동안 난감한 상황도 심각해집니다.

앞에서도 말씀드렸지만, '완벽한' 문장, '완벽한' 발음은 외국인에게는 거의 불가능한 영역입니다. 완벽해지려는 부담을 내려놓으세요. 그래야 입이 열리기 시작합니다. 회화를 잘 하는 방법은 알고 있는 단어만으로 최대한 짧게 말하는 연습을 반복하는 것 입니다.

한 단어만으로도 의미가 전달된다면 그것은 문장으로써 제대로 역할을 한 것입니다.

이번 장에서는 중국인 환자들이 자주 쓰는 말과 중국인 환자들에게 자주 쓰는 말을 병원 현장에서 적용할 수 있도록 소개합니다.

~吗?
ma?
~합니까?

중국인 환자들은 질문을 많이 합니다. 타국에서 치료를 받기 때문에 질문이 많아지는 것은 당연하겠지요. 환자들이 상담 중에 어떤 질문을 자주 하는 지 알아보겠습니다.
간단하지만 자주 등장하는 문장인 만큼 익혀두시면 유용합니다.

疼吗?
téng ma?
아픈가요?

能恢复吗?
néng huīfù ma?
회복할 수 있나요?

能治疗吗?
néng zhìliáo ma?
치료할 수 있습니까?

可以整容吗?
kěyǐ zhěngróng ma?
성형이 가능한가요?

当天可以做好吗?
dāngtiān kěyǐ zuòhǎo ma?
당일 치료 가능합니까?

做一次完全可以吗?
zuò yícì wánquán kěyǐ ma?
한 번에 치료가 가능합니까?

做一次行吗?
zuò yícì xíng ma?
한 번만 하면 됩니까?

能去掉吗?
néng qùdiào ma?
제거할 수 있나요?

治疗之后可以上班吗?
zhìliáo zhīhòu kěyǐ shàngbān ma?
치료 후 출근해도 되나요?

我先咨询可以吗?
wǒ xiān zīxún kěyǐ ma?
먼저 상담해도 될까요?

有副作用吗?
yǒu fùzuòyòng ma?
부작용 있나요?

全身麻醉没有副作用吗?
quánshēnmázuì méiyǒu fùzuòyòng ma?
전신마취의 부작용은 없나요?

我会能孕没有关系吗?
wǒ huì néng yùn méiyǒu guānxì ma?
임신할 가능성이 있는데 관계 없나요?

手术后有什么注意事项吗?
shǒushù hòu yǒu shénme zhùyìshìxiàng ma?
수술 후 주의사항이 있나요?

做水光注射以后、可以化妆吗?
zuò shuǐguāngzhùshè yǐhòu, kěyǐ huàzhuāng ma?
물광주사 맞은 후 화장이 가능한가요?

打一次肉毒素就可以矫正吗?
dǎ yícì ròudúsù jiù kěyǐ jiǎozhèng ma?
보톡스 한 번 맞으면 교정이 되나요?

什么
shénme
무엇

의문을 나타낼 때 명사 앞에 쓰여 무슨, 어떤, 어느, 무엇으로 뜻하는 말입니다.
중국인 환자들이 궁금하거나 잘 모를 경우 질문할 때 쓰는 단어입니다.

有什么激光呢?
yǒu shénme jīguāng ne?
어떤 레이저가 있나요?

你们的激光是什么牌子?
nǐmen de jīguāng shì shénme páizi?
갖고 있는 레이저는 어느 브랜드인가요?

打填充注射以后、要注意什么?
dǎ tiánchōngzhùshè yǐhòu, yào zhùyì shénme?
필러를 맞은 후 주의사항이 있나요?

打肉毒素以后、要注意什么?
dǎ ròudúsù yǐhòu, yào zhùyì shénme?
보톡스 맞은 후 주의사항이 있나요?

做激光手术以后、要注意什么?
zuò jīguāng shǒushù yǐhòu, yào zhùyì shénme?
레이저 시술 후 주의사항이 있나요?

做毛发移植手术前、要准备什么?
zuò máofà yízhí shǒushù qián, yào zhǔnbèi shénme?
모발이식 수술 전에 준비할 것이 있습니까?

做毛发移植手术后要注意什么?
zuò máofà yízhí shǒushù hòu yào zhùyì shénme?
모발이식 수술 후 주의할 사항은 어떤 것이 있나요?

여기서 잠깐!
중국인 환자들은

要注意什么? 를 什么 대신 吗를 넣어서
yào zhùyì shénme? shénme ma

要注意吗? 라고 말하기도 함.
yào zhùyì ma?

주의사항이 있나요?

什么时候
shénmeshíhou
언제

중국인 환자들은 언제 회복이 되는지, 언제 다시 내원해야 하는지,
언제 약을 먹어야 되는지 등 '언제'라는 단어를 사용해서 질문합니다.

什么时候拆线?
shénmeshíhou chāixiàn?
언제 실밥은 제거하나요?

什么时候消肿?
shénmeshíhou xiāozhǒng?
언제 붓기가 가라앉나요?

做吸脂手术后、
zuò xīzhī shǒushù hòu,
到什么时候要穿压迫服?
dào shénmeshíhou yào chuān yāpòfú?
지방흡입수술 후, 언제까지 압박복을 입어야 하나요?

什么时候做双颌前突手术才好?
shénmeshíhou zuò shuānghéqiántū shǒushù cái hǎo?
양악수술은 언제 받는 것이 좋나요?

什么时候回来?
shénmeshíhou huílái?
언제 내원해야 되나요?

什么时候吃药?
shénmeshíhou chīyào?
언제 약을 먹어야 되나요?

什么时候开始吃药?
shénmeshíhou kāishǐ chīyào?
언제부터 약을 먹어야 되나요?

哪个
nǎge
어느 것

중국인 환자들이 보톡스나 필러 받을 때 국산인지 외국산인지 물어 볼 때가 많습니다.

这种哪个国产?
zhèzhǒng nǎge guóchǎn?
이것은 어느 나라 것입니까?

还是
háishi
아니면

중국인 환자들이 수술 전 수면마취를 하는지 국소마취 하는지 궁금해 합니다.

全身麻醉还是局部麻醉?
quánshēnmázuì háishi júbùmázuì?
전신마취 하나요? 아니면 국소마취 하나요?

多 / 多少
duō / duōshǎo
(수량) 얼마나 / 얼마

시술 및 수술 시간을 물어볼 때 多라는 단어가 들어있는 문장이 많습니다.
'多少'는 '얼마나'라는 뜻에서 특히 시술 및 수술비용을 물어볼 때 사용하는 단어입니다.

手术时间需要多长时间?
shǒushù shíjiān xūyào duōchángshíjiān?
수술시간이 얼마나 걸리나요?

费用是多少?
fèiyòng shì duōshǎo?
비용은 얼마입니까?

做双眼皮手术后、
zuò shuāngyǎnpí shǒushù hòu,
过多长时间后才能带隐形眼镜?
guò duōchángshíjiān hòu cái néng dài yǐnxíngyǎnjìng?
쌍꺼풀 수술 후 콘택트렌즈는 언제부터 사용할 수 있나요?

做面部轮廓手术后、
zuò miànbùlúnkuò shǒushù hòu,
过多长时间后才能吃饭?
guò duōchángshíjiān hòu cái néng chīfàn?
안면윤곽수술 후 언제부터 식사가 가능한가요?

做胸部整形手术后、
zuò xiōngbùzhěngxíng shǒushù hòu,
过多长时间才能穿内衣?
guò duōchángshíjiān cái néng chuān nèiyī
가슴성형수술 후 속옷 착용은 언제부터 가능한가요?

左胸部整形手术后、
zuǒ xiōngbùzhěngxíng shǒushù hòu,
过多长时间才能怀孕?
guò duōchángshíjiān cái néng chuān huáiyùn?
가슴성형수술 후 언제부터 임신이 가능한가요?

毛发移植后、
máofà yízhí hòu,
过多长时间才知道移植头发是好生长?
guò duōchángshíjiān cái zhīdào yízhí tóufa shì hǎo shēngzhǎng?
모발이식 후 얼마나 지나야 이식한 머리가 잘 자랐는지 알 수 있나요?

做毛发移植手术后、
zuò máofà yízhí shǒushù hòu,
过多长时间才能用洗发露?
guò duōchángshíjiān cái néng yòng xǐfālù?
모발이식 수술 후 샴푸는 언제부터 사용해야 하나요?

治疗效果和维持时间多久?
zhìliáo xiàoguǒ hé wéichí shíjiān duō jiǔ?
치료효과와 유지기간은 얼마나 되나요?

恢复需要多长时间?
huīfù xūyào duōchángshíjiān?
회복기간은 얼마나 걸리나요?

几
jǐ
몇

몇 번 치료를 받아야 되는지 며칠 약을 복용해야 되는지 물어볼 때 '几'라는 단어를 사용합니다.

多几次治疗?
duō jǐcì zhìliáo?
얼마나 치료를 받아야 합니까?

几天吃药?
jǐtiān chīyào?
며칠 약을 복용해야 하나요?

请
qǐng
청하다, 부탁하다

환자에게 정중하게 쓰는 단어, 문장 맨 앞에 '请'을 써서 말합니다.

请进。
qǐng jìn.
들어가세요.

请来这儿。
qǐng lái zhèr.
이쪽으로 들어오세요.

请坐。
qǐng zuò.
앉으세요.

请向右侧躺。
qǐng xiàng yòucè tǎng.
오른쪽을 향해 옆으로 누우세요.

请向左侧躺。

qǐng xiàng zuǒcè tǎng.

왼쪽을 향해 옆으로 누우세요.

哪里
nǎlǐ
어디

시술 및 수술 전 상담 시 어느 부위인지 물어보는 경우 쓰는 표현입니다.

哪里不舒服?
nǎlǐ bùshūfu?
어디가 편찮으세요?

您要哪里做?
nín yào nǎlǐ zuò?
어디 부위에 치료(시술) 받고 싶으세요?

有没有
yǒuméiyǒu
있니? 없니?

진료보기 전 예진을 하는 병원이 많을 것입니다.
예진 시 지병이 있는지 알레르기가 있는지 물어볼 때 쓰는 단어입니다.

有没有过敏?
yǒuméiyǒu guòmǐn?
알레르기가 있나요?

有没有疾病?
yǒuméiyǒu jíbìng?
질병이 있나요?

别 / 不要

bié / búyào

~하지 마세요

중국인 환자는 타국에서 수술을 받기 때문에 심리적으로 불안합니다.
간단한 시술조차도 아파하면서 민감해합니다.
그럴 때 '걱정하지 마세요', '불안해하지 마세요'라는 말을 하며
문장 앞에 이 단어를 꼭 사용합니다.

别担心。
bié dānxīn.
걱정하지 마세요.

别动（=不要动）。
bié dòng (=búyào dòng).
움직이지 마세요.

轻松点儿（=别紧张）。
qīngsōng diǎnr(=bié jǐnzhāng).
긴장 푸세요(=긴장하지 마세요).

不要摸手术伤口。
búyào mō shǒushù shāngkǒu.
수술한 상처 부위를 만지지마세요.

吧
ba

문장 맨 끝에 쓰는 단어이며 상의, 제의, 청유, 기대, 추측, 명령 등을 나타냅니다.
병원에서 환자에게 친절하게 대할 때 문장 뒤에 '吧'를 붙여서 말합니다.

放心吧。
fàngxīn ba.
걱정하지 마세요. 마음 놓으세요.

拆线吧。
chāixiàn ba.
실밥 풀겠습니다.

一下
yíxià

동사 + 一下는 '어떤 동작이 가볍게 행해지다, 시험 삼아 해보다'라는 의미를 갖습니다. 그래서 동사 뒤에 '一下'를 붙이면 '한 번 ~해보세요'라는 부드러운 느낌이 납니다.

躺一下。
tǎng yíxià.
누우세요.

趴一下。
pā yíxià.
엎드리세요.

点按一下、不让它流血。
diǎn àn yíxià, bú ràng tā liúxuè.
문지르세요, 혈액이 나오지 않도록(직역).

有过

yǒuguò

~한 적이 있다

有(있다)와 过(~한 적)이 만나면 '~한 적이 있다'라는 뜻입니다.
과거에 수술한 경험이 있는지, 치료 및 약물에 대한 부작용이 있는지,
중국인 환자에게 물어볼 때 '有过'를 넣어서 말합니다.

以前有过麻醉副作用吗?

yǐqián yǒuguò mázuì fùzuòyòng ma?

예전에 마취 시 부작용이 있으셨나요?

[

做

zuò

~을 하다

]

수술을 하다, 레이저로 치료하다 등 '어떤 일을 하다'라는 동작을 나타낼 때 사용하는 단어입니다. 병원에서 어떨 때 '做'를 이용해서 말을 하는지 알아볼까요?

做激光。

zuò jīguāng.

레이저로 치료하다.

做镭射。

zuò léishè.

레이저로 치료하다.

* '激光' 대신 '镭射'라 부르는 경우가 있음.

做手术。

zuò shǒushù.

수술을 하다.

做毛发移植。

zuò máofà yízhí.

모발이식을 하다.

做脂肪移植。
zuò zhīfáng yízhí.
지방이식을 하다.

做吸脂。
zuò xīzhī.
지방흡입을 하다.

放
fàng
~을 놓다

중국인 환자들이 액세서리를 착용하고 내원하는 경우가 많습니다.
수술 전, 액세서리를 보관함에 넣으라는 말을 해야 할 때
'放(~을 놓다) + 在(~에서) + 장소' 구문으로 말하는 것이 좋습니다.

项链和戒子放在这儿。
xiàngliàn hé jièzi fàng zài zhèr.
목걸이와 반지는 여기에 놓으세요.

为了
wèile
~를 위해서

병원에서는 검사를 위한 절차가 다양하기 때문에 문장 앞에 '为了 ~를 위해서'라는 단어를 이용해서 말하는 것이 좋습니다.

为了检查得抽血。
wèile jiǎnchá děi chōuxuè.
검사를 위해 혈액을 뽑겠습니다.

用
yòng

~을 사용하다, 쓰다

혈액검사 시 손에 힘을 주어야 할 때 중국인 환자에게 '손에 힘을 주세요'라는 말을 할 때 '用'을 넣어서 말합니다. '用'은 '힘을 주다', '힘을 쓰다' 등 힘에 대한 동작을 표현합니다.

手用力。
shǒu yònglì.
손에 힘을 주세요.

起来
qǐlái
일어나다

중국인 환자가 의자에 앉아 있을 때 또는 침대에 누워있을 때 일어나야 할 경우 '**起来**'라고 말합니다.
'**起来**'는 '일어나다'라는 뜻 외에 '올리다'라는 의미도 있습니다.
아래 문장을 읽어볼까요?

衣袖给挽起来。
yīxiù gěi wǎn qǐlái.
소매 걷어 올리세요.

转起来。
zhuǎn qǐlái.
돌아보세요.

3-3

반복적인 업무와 관련된 중국어를 입으로 익히다

중국어뿐만 아니라 모든 외국어는 반복 학습이 중요합니다. 환자의 증상과 치료 결과에 따라 중국어를 달리 표현할 수도 있지만, 반대로 접수에서부터 퇴원까지 반복적으로 업무에 사용되는 문장도 있습니다. 이러한 문장은 반복 학습을 통해 완벽히 숙달해 두는 것이 좋습니다. 내 말을 환자가 명확히 이해하고 있는가를 대화 중이라도 유심히 살펴야 합니다.

정확한 어휘와 발음이 정확한 의미로 환자에게 전달됩니다. 환자가 되묻거나, 잠깐 침묵하거나, 무언가 불안해한다면 의미 전달에 문제가 있을 수 있었다는 이야기이므로 이럴 경우에는 제대로 이해했는지를 환자에게 물어서 확인해야 합니다. 이렇게 해서 매일 환자를 대상으로 정확한 표현을 익혀나간다면 그 문장은 절대 잊을 리가 없을 뿐 아니라, 어디에서나 통하는 훌륭한 문장이 됩니다. 언어를 학습하는데 실전 이상으로 좋은 것은 없습니다. 현재 의료코디네이터로 종사하고 계신다면 환자와의 상담 중 발생할 수 있는 여러 상황을 연습해서 환자와의 대화를 주도해보세요.

굳이 따로 학원을 다니지 않더라도 병원에서 자주 쓰는 표현들은 미리 정리해서 반복적으로 매일 읽어보세요. 막상 상담 시에 떠오르지 않는 단어나 문장들은 따로 표시해두고 입에서 자연스럽게 나올 때까지 적극적으로 상담에 적용해보세요. 그러다 보면 어느 순간 그 문장은 완벽히 본인의 것이 되어있을 겁니다.

'이럴 땐 어떻게 말하지?'라고 생각했다는 것은 그 표현이 낯설다는 뜻입니다. 이럴 때는 질문에 빠지지 말고 할 수 있는 범위 안에서 의미 전달을 하는데 집중하시기 바랍니다. 환자를 기다리게 할수록 상황은 어려워집니다. 소통이 막히면 궁금증과 불어난 의심으로 인해 상담에 큰 지장을 받게 됩니다.

의사와 중국인 환자의 중간 관리자로서 원활한 소통을 유지하는 것은 병원을 신뢰하게 만드는 기본입니다. 우선 접수부터 퇴원까지 반복적으로 등장하는 중국어 응대 표현들부터 익혀보겠습니다.

预约好了吗?
yùyuē hǎo le ma?
예약하셨습니까?

第一次到我们医院吗?
dìyīcì dào wǒmen yīyuàn ma?
저희 병원 처음이신가요?

请告诉我叫什么名字。
qǐng gàosu wǒ jiào shénme míngzi.
성함을 알려주세요.

先填一下这张初诊表格。
xiān tián yíxià zhè zhāng chūzhěn biǎogé.
초진 서식에 기입해 주세요.

汉语下面拼音也要写上初诊表格。
Hànyǔ xiàmiàn pīnyīn yě yào xiěshàng chūzhěn biǎogé.
초진 서식에 중국어 밑에 한어병음을 함께 적어 주세요.

在这儿写一下姓名和出生年月日、手机号码。

zài zhèr xiě yíxià xìngmíng hé chūshēng niányuè rì, shǒujīhàomǎ.

여기에 성함과 생년월일, 휴대전화 번호 작성해주세요.

请稍等。

qǐngshāoděng.

기다려주세요.

介绍一下住院手续。

jièshào yíxià zhùyuàn shǒuxù.

입원절차를 알려드리겠습니다.

测量血压吧。
cèliáng xuèyā ba.
혈압 체크하겠습니다.

有没有病历?
yǒuméiyǒu bìnglì?
병력이 있으신가요?

有没有家族病历?
yǒuméiyǒu jiāzú bìnglì?
가족병력이 있으신가요?

以前做过了吗?
yǐqián zuò guòle ma?
이전에 치료받은 적 있으십니까?

现在有没有吃药?
xiànzài yǒuméiyǒu chīyào?
현재 드시는 약 있으신가요?

有没有过敏?
yǒuméiyǒu guòmǐn?
알레르기가 있나요?

现在是否怀孕或者哺乳?
xiànzài shìfǒu huáiyùn huòzhě bǔrǔ?
현재 임신 중 혹은 수유 중이십니까?

您有吸烟、喝酒的习惯吗?
nín yǒu xīyān, hējiǔ de xíguàn ma?
술, 담배 하십니까?

平常饮食生活规律吗?
píngcháng yǐnshí shēnghuó guīlǜ ma?
식사는 규칙적으로 드십니까?

请进。
qǐng jìn.
들어오세요.

请坐。
qǐng zuò.
앉으세요.

您要哪里做?
nín yào nǎlǐ zuò?
어느 부위에 치료 받기를 원하십니까?

您哪里不舒服?
nín nǎlǐ bùshūfu?
어디가 불편하십니까?

从什么时候开始不舒服?
cóng shénmeshíhou kāishǐ bùshūfu?
언제부터 불편하셨나요?

从什么时候开始发生了?
cóng shénmeshíhou kāishǐ fāshēng le?
언제부터 발생하기 시작했나요?

什么时候开始出现了这样的?
shénmeshíhou kāishǐ chūxiàn le zhèyàng de?
언제부터 이런 증상이 시작되었습니까?

以前也有这样吗?
yǐqián yě yǒu zhèyàng ma?
전에도 이와 같은 증상이 있었습니까?

手术部位有异物感吗?
shǒushù bùwèi yǒu yìwùgǎn ma?
수술 부위에 이물감이 느껴지십니까?

疼吗?
téng ma?
아프십니까?

发痒吗?
fāyǎng ma?
가렵습니까?

刺疼吗?
cì téng ma?
따갑습니까?

灼痛吗?
zhuótòng ma?
화끈거리십니까?

扎痛吗?
zhā tòng ma?
쿡쿡 쑤십니까?

平时会红吗?
píngshí huì hóng ma?
평소에 붉은 편이십니까?

需要诊断书或者意见书吗?
xūyào zhěnduànshū huòzhě yìjiànshū ma?
진단서와 소견서가 필요하십니까?

一次不能完全治疗、
yícì bùnéng wánquán zhìliáo,
要做几次更好。
yào zuò jǐcì gèng hǎo.
한 번으로 치료는 어렵고, 여러 번 해야 좋아집니다.

这样就可以见效果。
zhèyàng jiù kěyǐ jiàn xiàoguǒ.
이 정도면 효과를 보실 수 있습니다.

需要□次治疗就可以。
xūyào □cì zhìliáo jiù kěyǐ.
□번 치료하면 됩니다.

这激光做以后、
zhè jīguāng zuò yǐhòu,
会红继续大概2~3天左右。
huì hóng jìxù dàgài liǎng ~ sāntiān zuǒyòu.
이 레이저 치료 후 붉은 기가 약 2~3일 정도 지속됩니다.

过□周左右就会自然地到位。
guò □zhōu zuǒyòu jiù huì zìrán de dàowèi.
□주 정도 지나면 자연스럽게 자리를 잡습니다.

会有发青。
huì yǒu fāqīng.
멍이 들 수 있습니다.

不留疤痕。
bùliú bāhén.
흉터 남지 않습니다.

打麻醉的时候、有点疼。
dǎ mázuì de shíhou, yǒudiǎn téng.
但是手术中没有感觉。
dànshì shǒushù zhōng méiyǒu gǎnjué.
마취할 때 조금 아프지만 수술 중에는 아무 느낌이 없습니다.

涂抹麻醉霜以后、做手术。
túmǒ mázuìshuāng yǐhòu, zuò shǒushù.
마취크림을 바른 후 시술을 진행합니다.

手术对日常生活没有影响。
shǒushù duì rìchángshēnghuó méiyǒu yǐngxiǎng.
수술 후 일상생활이 가능합니다.

手术后也可以上班。
shǒushù hòu yě kěyǐ shàngbān.
수술 후 출근도 가능합니다.

手术时间是大概□个小时。
shǒushù shíjiān shì dàgài □gè xiǎoshí.
수술시간은 대략 □시간 소요됩니다.

□天之后才恢复。
□tiān zhīhòu cái huīfù.
□일 후 회복이 가능합니다.

什么时候可以回来?
shénmeshíhou kěyǐ huílái?
언제 오실 수 있으십니까?

手术前、在手术同意书上签字。
shǒushù qián, zài shǒushù tóngyìshū shàng qiānzì.
수술 전, 수술 동의서에 서명하세요.

想好了、请随时来访。
xiǎnghǎole, qǐng suíshí láifǎng.
생각해보시고 언제든지 내원하세요.

费用总共□万韩币。
fèiyòng zǒnggòng □wàn hánbì.
비용은 한국 돈으로 총□원입니다.

人民币的话□块。
rénmínbì de huà □kuài.
인민폐로 □위엔입니다.

付现金还是刷卡?
fùxiànjīn háishi shuākǎ?
현금 결제 하시겠습니까? 아니면 카드 결제 하시겠습니까?

可以得到诊疗费和治疗费收据。
kěyǐ dédào zhěnliáofèi hé zhìliáofèi shōujù.
진료비와 치료비 영수증 받으실 수 있습니다.

要脱鞋、把衣服放在这边。
yào tuōxié, bǎ yīfu fàng zài zhèbiān.
신발 벗고 옷은 여기에 두세요.

换衣服。
huàn yīfu.
옷을 갈아입으세요.

在这儿躺一下。
zài zhèr tǎng yíxià.
여기에 누우세요.

趴一下。
pā yíxià.
엎드리세요.

左侧身躺在床上。
zuǒcè shēn tǎng zài chuáng shàng.
침대 위에서 왼쪽으로 누우세요.

右侧身躺在床上。
yòucè shēn tǎng zài chuáng shàng.
침대 위에서 오른쪽으로 누우세요.

在手背的静脉里注射。
zài shǒubèi de jìngmài lǐ zhùshè.
손등에 정맥주사를 놓겠습니다.

马上要打麻醉注射。
mǎshàng yào dǎ mázuìzhùshè.
곧 마취주사 놓겠습니다.

放松点儿。
fàngsōng diǎnr.
긴장을 푸세요.

现在开始。
xiànzài kāishǐ.
시작하겠습니다.

因为麻醉霜的影响、
yīnwèi mázuìshuāng de yǐngxiǎng,
手术以后嘴唇周围感觉麻痹。
shǒushù yǐhòu zuǐchún zhōuwéi gǎnjué mábì.
마취크림 때문에 시술 후 입 주변이 마비된 느낌이 드실 겁니다.

暂时停止服用任何药。
zànshí tíngzhǐ fúyòng rènhé yào.
잠시 동안 복용하던 약을 중단해주세요.

这是您的开药单。
zhèshì nín de kāiyàodān.
처방전입니다.

每天早晚服用□粒、服用□天吧。
měitiān zǎo wǎn fúyòng □lì, fúyòng □tiān ba.
매일 아침, 저녁으로 □알씩, □일간 복용하세요.

手术当天不要去洗桑拿。
shǒushù dāngtiān búyào qù xǐ sāngná.
수술 당일 날 사우나 가지 마세요.

手术后□周内不去桑拿或者洗浴中心。
shǒushù hòu □zhōu nèi búyào qù sāngná huòzhě xǐyùzhōngxīn.
수술 후 □주 내 찜질방이나 사우나 가지 마세요.

手术后□周内不要剧烈运动。
shǒushù hòu □zhōu nèi búyào jùliè yùndòng.
수술 후 □주 내 무리한 운동하지 마세요.

不要用手揉摸。
búyào yòng shǒu róumō.
손으로 만지지 마세요.

小心结疤脱落。
xiǎoxīn jiébā tuōluò.
딱지 떨어지지 않도록 조심하세요.

洗澡后每天换上创口贴。
xǐzǎo hòu měitiān huàn shàng chuāngkětiē.
샤워 후 매일 반창고로 갈아주세요.

注意治疗部位沾到水。
zhùyì zhìliáo bùwèi zhān dào shuǐ.
치료 부위에 물 닿지 않도록 주의하세요.

手术后、用冰袋冷敷。
shǒushù hòu, yòng bīngdài lěngfū.
수술 후 냉찜질하세요.

做冷敷就会防止出现发青浮肿。
zuò lěngfū jiù huì fángzhǐ chūxiàn fāqīng fúzhǒng.
냉찜질은 멍과 부종이 생기는 것을 막아줍니다.

做热敷就帮人快点消除发青浮肿。
zuò rèfū jiù bāngrén kuàidiǎn xiāochú fāqīng fúzhǒng.
온찜질은 멍, 부종이 빨리 빠지도록 도와줍니다.

打肉毒素以后、
dǎ ròudúsù yǐhòu,
不要吃坚硬筋道的食物。
búyào chī jiānyìng jīndao de shíwù.
보톡스 맞은 후 딱딱하고 질긴 음식은 피하셔야 합니다.

请随时涂抹保湿剂。
qǐng suíshí túmǒ bǎoshījì.
수시로 보습제를 바르세요.

出去的时候、一定要涂抹防晒霜。
chūqù de shíhou, yídìng yào túmǒ fángshàishuāng.
외출 시 반드시 선크림을 바르세요.

我推荐给您最合适的化妆品。
wǒ tuījiàn gěi nín zuìhéshì de huàzhuāngpǐn.
고객님께 적합한 화장품을 추천해드릴게요.

我帮您进行预约。
wǒ bāng nín jìnxíng yùyuē.
예약 도와드리겠습니다.

什么时候再来?
shénmeshíhou zài lái?
언제 다시 오실 수 있습니까?

我告诉您下次的门诊日程。
wǒ gàosu nín xiàcì de ménzhěn rìchéng.
다음 번 진료 일정을 알려드릴게요.

刚才做的院长可以见每个星期□。
gāngcái zuò de yuànzhǎng kěyǐ jiàn měigè xīngqī□.
방금 치료해주신 원장님께서는 매주 □요일에 나오십니다.

这是我的名片。
zhèshì wǒ de míngpiàn.
이것은 제 명함입니다.

如果有问题、
rúguǒ yǒu wèntí,
或者要预约的话给我联系。好吗?
huòzhě yào yùyuē de huà gěi wǒ liánxì. hǎo ma?
궁금하거나 예약을 원하시면 저에게 연락주세요.

请慢走。
qǐngmànzǒu.
살펴가세요.

3-4

머리가 아닌 입으로 말하는 힘 기르기

대학까지 10년 동안 영어공부를 해왔지만, 외국인 앞에서는 여전히 한마디도 하지 못하는 것이 우리의 현실입니다. 10년은 결코 짧은 시간이 아닙니다. 그럼에도 불구하고 우리는 어째서 말을 하지 못하는 것일까요.

사실 외국어를 배우는데 있어서 기간은 그렇게 중요하지 않습니다. 앞서 말씀드렸습니다만, 외국어를 마스터하는 것 자체가 불가능합니다. 업무든 취미든 외국어를 구사할 때 의사소통이 되는지 아닌지 그 지점이 중요한 겁니다. 따라서 짧은 기간이라도 간단한 소통 능력을 기르는 것은 어려운 일이 아닙니다. 외국어에 대한 두려움을 떨쳐버리세요. 외국어 학습의 지름길은 없지만 바른 길은 있습니다. 바로 '소리'입니다. 여러분 오해하지 마세요. 외국에 있기 때문에 외국어를 말할 수 있는 것은 절대 아닙니다. 말을 하지 않고 살면, 자연히 듣게 됩니다. 그러나 듣는다고 해서 말을 할 수 있는 것은 아닙니다. 해외 거주하는 한인 중에 그 나라의 언어를 구사하지 못하는 사람은 상당히 많습니다. 듣는다는 것은, 현지 원어민의 말 속 어휘들이 정확히 전달되는 것을 의미합니다. 들리면 그것을 본인의 입으로 소리 내서 말을 해야 합니다. 말을 할 때, 언어는 비로소 내 것이 됩니다. 이것이 외국어를 습득하는 바른 길입니다.

유창한 중국어를 구사하고 싶다면 머리가 아닌 입으로 말하는 힘을 길러야 합니다. 언어를 배우는데 나이는 큰 장애가 되지 못합니다. 해외여행이 보편화되면서 이제 예순을 넘긴 나이에 외국어를 시작하시는 분도 많습니다.

중국인 환자 응대 시 가장 민감한 순간은 수납입니다. 진료비를 청구할 때, 자칫 서툴게 이야기를 한다면 환자들은 괜히 찝찝한 마음을 갖게 됩니다. 간혹 시술 비용을 인하해 달라는 요구도 있습니다. 수납 시, 유연하지 못한 대처로 환자가 무리한 요구를 한다면 매우 난처해집니다. 중국인 환자 앞에서 실수 없이 완벽한 중국어를 구사하기 위해 [실전회화편: 진료비 & 치료비 수납 시 중국어 응대 표현들]을 소리 내어 읽어 보세요.

每□个月□次、
měi □gè yuè □cì,
做□次的话 总共是□万韩币。
zuò □cì de huà zǒnggòng shì □wàn hánbì.
매 □개월의 □번씩 □번 하면 원화로 총 □만 원입니다.

每□个星期□次、
měi □gè xīngqī □cì,
做□次的话 总共是□万韩币。
zuò □cì de huà zǒnggòng shì □wàn hánbì.
매 □주의 □번씩 □번 하면 원화로 총 □만 원입니다.

今天人民币汇率是□。
jīntiān rénmínbì huìlǜ shì □.
오늘 인민폐 환율은 □입니다.

所以人民币□块多。
suǒyǐ rénmínbì □kuài duō.
그래서 인민폐로 □원 정도 됩니다.

刷卡还是付现金?

shuākǎ háishi fùxiànjīn?

카드로 계산하시겠어요? 아니면 현금으로 계산하시겠어요?

刷卡和付现金一起结账没问题。

shuākǎ hé fùxiànjīn yìqǐ jiézhàng méiwèntí.

카드와 현금을 같이 결제해도 상관없습니다.

刷银联还是威士卡?

shuā yínlián háishì wēishìkǎ?

은련카드로 결제하시겠습니까? 아니면 Visa카드로 결제 하시겠습니까?

> 여기서 잠깐!
> 은련카드를 소지하는 중국인 환자들이 많기 때문에 꼭 물어보셔야 합니다.

或者刷万事达卡也可以。
huòzhě shuā wànshìdákǎ yě kěyǐ.
마스터카드도 결제 가능합니다.

여기서 잠깐!
중국은 외래어를 모국어로 바꿔서 말하기 때문에 외래어를 어떻게 중국어로 표현하는지 아시는 것이 좋습니다.

签名。
qiān míng.
서명하세요.

请输密码。
qǐng shū mìmǎ.
비밀번호 입력해 주세요.

여기서 잠깐!
은련카드로 결제할 경우 비밀번호를 입력하는 경우가 있습니다.

请输零6次。
qǐng shū líng liùcì.
'0'을 6번 입력하세요.

여기서 잠깐!
은련카드 비밀번호 6자리로 되어 있는 경우가 많은데
만약 중국인 환자들이 모른다고 할 경우 '000000' 0을 6번 입력하라고
말하면 됩니다.

输错了。再输一次。
shū cuò le. zài shū yícì.
잘못 입력했습니다. 다시 한 번 입력해보세요.

您已经输错3次了。
nín yǐjīng shū cuò sāncì le.
不能刷这卡。其他的卡没有吗?
bùnéng shuā zhè kǎ. qítā de kǎ méiyǒu ma?

여기서 잠깐!
중국인 환자들이 자신의 비밀번호를 잘못 입력하는 경우가 있습니다.
3번 이상 잘못 입력할 경우 결제할 카드가 정지 됩니다.
중국인 환자에게 은련카드 회사에 연락해서 해결하라고 말하거나
다른 카드가 있는지 물어봅니다.

已经结账了。
yǐjīng jiézhàng le.
이미 결제 되었습니다.

这是您的发票。再次确认吧。
zhèshì nín de fāpiào. zàicì quèrèn ba.
이것은 당신의 영수증입니다. 다시 한 번 확인해보세요.

여기서 잠깐!
카드 결제 승인되면 반드시 중국인 환자에게 결제되었다고 말한 후
영수증을 보여주면서 결제된 금액을 다시 확인할 수 있도록 안내하는 것이 필수입니다.

要付人民币还是韩币?
yào fù rénmínbì háishì hánbì?

인민폐로 결제하시겠습니까? 아니면 원화로 결제 하시겠습니까?

人民币和韩币一起结账没问题。
rénmínbì hé hánbì yìqǐ jiézhàng méiwèntí.

인민폐와 원화를 같이 결제하셔도 상관없습니다.

付美金也可以。
fù měijīn yě kěyǐ.

달러를 지불하셔도 가능합니다.

여기서 잠깐!
가끔 중국인 환자들이 달러를 보유하고 있는 경우가 있습니다.
중국인 환자가 돈이 부족해서 지갑 안을 뒤지면 달러도 가능하다는 말을 해주는 것이 좋습니다.

但是给您零钱韩币。没关系吗?
dànshì gěi nín língqián hánbì. méiguānxi ma?

그런데 당신에게 드리는 거스름돈은 원화입니다. 괜찮습니까?

여기서 잠깐!
중국인 환자들이 인민폐나 달러로 치료비를 지불한다면 사전에 거스름돈은 원화로 거슬러 준다는 말을 해야 합니다. 중국인 환자에게 말을 하지 않고 원화로 거슬러준다면 간혹 몇몇 중국인 환자들은 인민폐로 달라는 컴플레인을 합니다. 제대로 거슬러준 것이 맞는지 또는 거스름돈이 부족한 것 같다고 트집을 잡을 수 있습니다.

제4장

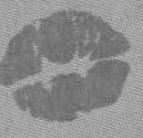

완벽한 문장으로 말하려는 순간 중국어? 못한다!

4장

완벽한 문장으로 말하려는 순간 중국어? 못한다!

•
•
•

중국어를 배우신 분들이 자주하는 말이 있습니다.

"중국인처럼 유창하게 중국어를 구사하고 싶어요."

"언제쯤 중국인과 자유자재로 대화를 나눌 수 있을까요?"

"중국인 환자가 하는 말은 알아듣겠는데
입에서 중국어가 나오지 않아요.

"중국인 환자 앞에 서는 순간 머릿속이 하얘지고
중국어 단어가 생각나지 않아 말을 못하겠어요."

이 분들은 중국어를 완벽한 문장으로 말하려는 경향이 있습니다.
이러한 성향은 회화 실력에 도움이 되지 않습니다.
습관적으로 문법에 의존하기 때문입니다.

'중문과를 나왔는데, 중국에서 몇 년 살다 왔는데,
HSK 5급, 6급도 있는데, 왜 중국어를 못할까요?'
외국어를 배울 때 문법 위주로 공부하는 잘못된 습관 때문입니다.

음독을 하지 않고 묵독을 하다 보니
외국어 시험에 나오는 지문 독해는 되지만
정작 외국인 앞에서는 꿀 먹은 벙어리가 되지요.

하루에 30분만이라도 매일 반복하면서 말하는 연습을 해보세요.
말하지 않고서는 성장하지 않는다는 간단한 진실을 명심하세요.
중국 여행을 가는데 문제없을 정도의 언어를 구사하면서도
정작 환자와 대화를 하는데 어려움을 겪는 경우가 있습니다.
이는 환자에게 담당 의사의 말을 100% 전달해야 된다는
부담을 안고 통역하기 때문입니다.

병원은 예민한 곳이라
언제 어디서 의료사고가 발생할지 예측할 수 없기에
긴장의 끈을 놓아서는 안 됩니다.

병원에 근무하는 분들은 긴장으로부터 자유로울 수 없습니다.
그러나 중국어에 대한 부담을 줄일 수는 있습니다.
4장에서는 중국어를 쉽게 구사할 수 있는 방법을 알려드립니다.

짧은 문장으로 핵심만 전달하는 법
환자의 말에서 핵심단어를 파악하는 법

그리고 단기기억을
장기기억으로 전환시키는 중국어 공부법을 제시합니다.

4-1

길게 말하면 중국어를 잘한다고 생각하는가? 짧고 정확하게 말하라

병원에서 중국어를 유창하게 구사하는 상담실장이나 코디네이터들이 많습니다. 신입코디네이터로 입사한지 얼마 되지 않으신 분들은 이 분들의 유창한 중국어 실력에 입이 떡하니 벌어질 겁니다.

'나도 저렇게 말할 수 있을까?'

'저 정도까지 중국어를 잘하지는 못하는데?'

'중국어를 하긴 하지만 내가 하는 말을
중국인 환자들이 알아들을 수 있을까?'

아마 이런 생각을 한 번쯤은 하셨을 거라 생각합니다.

처음 환자를 상담할 때 설명을 짧게 하거나 말을 하다 꼬여버린 적이 있을 겁니다. 그럴 때 이렇게 생각하겠지요?

'중국인 환자한테 너무 짧게 설명한 게 아닌가?
원장님의 말을 그대로 다 전달하지 못한 것 같아…'

처음 입사하신 분들이나 병원에서 중국인 환자와 오랫동안 상담을 해도 중국어 실력이 늘지 않아 자괴감에 빠지신 분들께 이 장을 통해 전하고 싶습니다.

언어는 길게 말한다고 해서 잘하는 것이 아닙니다. 길든 짧든, 정확히 말하는 것이 중요합니다. 그리고 치료의 맥락을 명확히 짚어주는 것이 중요합니다. 환자가 듣고 싶은 것은 정확한 안내이지, 장황한 설명이 아닙니다. 환자 입장에서도 오랜 시간 상담으로 시달리고 싶지 않을 것입니다. 환자가 원하는 바가 무엇인지 정확히 알아차리고 그 점에 대해서 명확하게 짚어주는 것이 상담의 핵심입니다.

핵심만 말하세요.

짧고 정확하게 핵심만 전달하는 연습을 하려면 중국어로 되어 있는 의료용어를 가능한 자주 보고 소리 내서 읽는 것이 중요합니다. 시중에 판매하고 있는 의료중국어 책에서 나오는 문장을 짧은 문장으로 바꿔서 말하는 연습도 해보세요.

您是第一次到这家医院吗?
nín shì dìyīcì dào zhè jiā yīyuàn ma?
저희 병원 처음 방문하시는 건가요?

↓

您是第一次来吗?
nín shì dìyīcì lái ma?
처음 오셨습니까?

请您先填一下这张初诊表格。
qǐng nín xiān tián yíxià zhè zhāng chūzhěn biǎogé.
먼저 이 초진 서식에 기입해 주십시오.

在这儿写一下。
zài zhèr xiě yíxià.
여기에 작성해주세요.

请您再这儿稍等一下。
qǐng nín zài zhèr shāoděng yíxià.
여기서 잠시만 기다려 주세요.

↓

请稍等。
qǐngshāoděng.
잠시만 기다리세요.

您想找哪位医生就诊?
nín xiǎng zhǎo nǎwèi yīshēng jiù zhěn?
어느 의사 선생님께 진찰받고 싶습니까?

↓

想看哪位院长?
xiǎng kàn nǎwèi yuànzhǎng?
어느 원장님께 진료 받고 싶습니까?

从什么时候开始觉得不舒服?
cóng shénmeshíhou kāishǐ juéde bùshūfu?
언제부터 불편하셨습니까?

↓

什么时候不舒服?
shénmeshíhou bùshūfu?
언제부터 불편하셨습니까?

以前也有类似情形吗?
yǐqián yě yǒu lèisì qíngxing ma?
전에도 비슷한 증상이 있었습니까?

↓

以前也有这样吗?
yǐqián yě yǒu zhèyàng ma?
전에도 이런 증상이 있었습니까?

您现在有服用什么口服药吗?
nín xiànzài yǒu fúyòng shénme kǒufúyào ma?
현재 어떤 약을 복용하고 계십니까?

↓

现在吃什么药?
xiànzài chī shénme yào?
현재 어떤 약을 복용하고 계십니까?

让我来量一下脉搏和血压、没问题。
ràng wǒ lái liáng yíxià màibó hé xuèyā, méiwèntí.
맥박과 혈압을 재어보겠습니다. 정상입니다.

↓

量一下脉搏和血压、正常。
liáng yíxià màibó hé xuèyā, zhèngcháng.
맥박과 혈압을 재어보겠습니다. 정상입니다.

要脱鞋、把衣服挂在这衣架上。
yào tuō xié, bǎ yīfu guà zài zhè yījià shàng.
신발을 벗고 옷은 여기에 걸어주십시오.

↓

脱鞋、脱衣服放在这儿。
tuō xié, tuō yīfu fàng zài zhèr.
신발을 벗고 옷을 벗어서 여기에 놓아주세요.

检查时别移动身子。
jiǎnchá shí bié yídòng shēnzi.
검사 중에 몸을 움직이지 마십시오.

↓

别动全身。
bié dòng quánshēn.
몸을 움직이지 마세요.

可以下床了。

kěyǐ xiàchuáng le.

이제 침대에서 내려오세요.

↓

下床。

xiàchuáng.

침대에서 내려오세요.

千万不要揉搓、会有淤血。

qiānwàn búyào róucuō, huì yǒu yūxuè.

절대 문지르지 마세요. 멍들 수 있습니다.

↓

别揉搓、会发青。

bié róucuō, huì fāqīng.

문지르지 마세요. 멍들 수 있습니다.

您得按时服用、
nín děi ànshí fúyòng,
然后回家要冰敷两天。
ránhòu huíjiā yào bīngfū liǎngtiān.
제때에 복용해야 하고, 집에 들어가셔서 2일 동안 얼음찜질을 하세요.

↓

一定按时吃药、要冰敷两天。
yídìng ànshí chīyào, yào bīngfū liǎngtiān.
꼭 제때에 약을 드시고, 2일 동안 얼음찜질을 하세요.

术后2到3天需要冷敷、
shùhòu liǎng dào sāntiān xūyào lěngfū,
冷敷对于减少淤青和水肿有帮助。
lěngfū duìyú jiǎnshǎo yūqīng hé shuǐzhǒng yǒu bāngzhù.
수술 후 2~3일 냉찜질을 해야 멍이나 붓기 빠지는데 도움이 됩니다.

↓

2到3天要冷敷、会少发青和消肿。
liǎng dào sāntiān yào lěngfū, huì shǎo fāqīng hé xiāozhǒng.
2~3일 냉찜질해야 멍과 붓기가 빠집니다.

一段期间得定期做检查。
yíduàn qījiān děi dìngqī zuò jiǎnchá.
당분간 정기적으로 검사를 받아야 합니다.

↓

要定期做检查。
yào dìngqī zuò jiǎnchá.
정기적으로 검사를 받아야 합니다.

手术比较简单、
shǒushù bǐjiào jiǎndān,
用激光做手术的。
yòng jīguāng zuò shǒushù de.
레이저 수술로 간단하게 할 수 있습니다.

↓

做激光比较简单。
zuò jīguāng bǐjiào jiǎndān.
레이저로 간단하게 치료하실 수 있습니다.

每天需要用处方的口腔清洁液漱口4次以上、
měitiān xūyào yòng chǔfāng de kǒuqiāng qīngjiéyè shùkǒu sìcì yǐshàng,
2周后才可以开始刷牙。
liǎngzhōu hòu cái kěyǐ kāishǐ shuāyá.
매일 처방한 구강 세정액으로 4번 이상 입 안을 행군 후,
2주 후에 양치질을 시작하세요.

↓

口腔清洁液漱口每天4次以上、
kǒuqiāng qīngjiéyè shùkǒu měitiān sìcì yǐshàng,
2周后可以刷牙。
liǎngzhōu hòu kěyǐ shuāyá.
구강세정액으로 매일 4번 이상 입 안을 행군 후, 2주 후에 양치질해도 됩니다.

这颗粒药饭后30分钟服用。
zhè kēlì yào fànhòu sānshífēnzhōng fúyòng.
이 알약은 식후 30분 후에 복용해야 합니다.

↓

饭后30分钟吃药。
fànhòu sānshífēnzhōng chīyào.
식후 30분 후에 약을 드세요.

这是2天的药、每天腹3回。
zhèshì liǎngtiān de yào, měitiān fù sānhuí.
여기 이틀 치 약입니다, 매일 3회 복용하세요.

↓

1天3次、2天吃药。
yìtiān sāncì, liǎngtiān chīyào.
하루 3번, 이틀 치 약을 드세요.

请您在这里签一下名。
qǐng nín zài zhèlǐ qiān yíxià míng.
여기에 서명을 부탁드립니다.

↓

在这儿签名。
zài zhèr qiānmíng.
여기에 서명해주세요.

术后稍做运动比一直平躺要好、
shùhòu shāo zuò yùndòng bǐ yìzhí píngtǎng yào hǎo,
第2~3天开始起做些简单的运动较好。
dì liǎng ~ sāntiān kāishǐ qǐ zuò xiē jiǎndān de yùndòng jiào hǎo.
수술 후 계속 누워있는 것보다 조금이라도 운동을 하는 것이 좋습니다,.
2~3일 후 간단한 운동을 시작 하는 것이 비교적 좋습니다.

↓

术后稍做运动更好。
shùhòu shāo zuò yùndòng gèng hǎo.
2天到3天后简单的运动就好。
liǎngtiān dào sāntiān hòu jiǎndān de yùndòng jiù hǎo.
수술 후 조금 운동을 하는 것이 더 좋습니다.
2~3일 후 간단한 운동을 하는 것이 좋습니다.

做双眼皮手术就没事了。
zuò shuāngyǎnpí shǒushù jiù méishì le.
쌍꺼풀 수술을 하시면 문제가 없습니다.

没问题。
méiwèntí.
괜찮습니다.

4-2

중국인 환자의 말 중 핵심단어만 들어도 말한다

중국인 환자의 말을 들을 때 완벽하게 해석하려는 경향이 있습니다. 그런데 중국인 환자의 말은 갈수록 길고 집중해서 들으려고 해도 들리지 않거나 환자의 말을 중간에 놓쳐 잊어버리는 경우가 많습니다.

중국인 환자의 말을 완벽하게 해석하려 하지 마세요. 그러면 정작 중요한 핵심을 놓칠 수 가 있습니다. 환자의 설명이 장황하지만 결국 무엇을 말하려고 하는가에 신경을 기울여야 합니다. 환자의 말을 듣다보면 반복적으로 등장하는 단어가 있습니다. 이것이 대게 '핵심어'입니다. 환자의 말 중 이 핵심어만 정확히 들어도 환자의 본 마음을 꿰뚫어 볼 수 있습니다. 의료코디네이터는 환자의 말을 해석해서 듣는 게 아니라, 그들이 무엇을 요구하는가에 대해 파고들어야 합니다. 언어에 능통한데 소통이 불통인 사람들이 있습니다. 언어적인 기술은 좋지만 상대의 마음을 읽는 소통의 능력이 부족한 사람들입니다. 환자의 마음을 여는 첫 번째 관문에 바로 의료코디네이터가 자리하고 있는 셈입니다.

이 장을 통해 중국인 환자들이 자주 말하는 핵심단어를 미리 배우면 실제 병원에 방문한 중국인 환자들의 말을 쉽게 알아들을 수 있습니다.

실전어휘편 피부과 · 성형외과 의료현장에서 꼭 필요한 핵심단어들

의료용어	한어병음	뜻
订	dìng	예약하다
多少	duōshǎo	얼마
费用	fèiyòng	비용
贵	guì	비싸다
便宜点儿	piányi diǎnr	싸게 해주세요
一套	yítào	패키지
一次	yícì	1회, 1번
怎么做?	zěnme zuò?	어떻게 치료하나요?
能做吗?	néng zuò ma?	치료할 수 있나요?
多长时间?	duōchángshíjiān?	시간이 얼마나 걸리나요?
多久	duōjiǔ	얼마나 오래
最少	zuìshǎo	최소한
做几次?	zuò jǐcì?	몇 번 치료해야 하나요?
麻烦	máfan	번거롭다
凹陷	āoxiàn	움푹 파이다
凹凸	āotū	울퉁불퉁하다
疙瘩疙瘩	gēda gēda	울퉁불퉁하다
火辣辣	huǒlàlà	화끈거리다
灼伤	zhuóshāng	화상
起水泡	qǐ shuǐpào	물집이 생기다
炎症	yánzhèng	염증
淤青	yūqīng	멍, 어혈
发青	fāqīng	멍이 들다
受不了	shòubuliǎo	참을 수 없다
副作用	fùzuòyòng	부작용
疙疤	gēba	딱지
结痂	jiéjiā	딱지가 앉다(생기다)

의료용어	한어병음	뜻
静脉麻醉	jìngmàimázuì	정맥 내 마취
睡眠麻醉	shuìmiánmázuì	수면마취
局部麻醉	júbùmázuì	국소마취
麻醉霜	mázuìshuāng	마취크림
牌子	páizi	브랜드
效果	xiàoguǒ	효과
恢复	huīfù	회복
自然	zìrán	자연스럽게
护理	hùlǐ	관리
镇定护理	zhèndìng hùlǐ	진정 관리
松弛	sōngchí	늘어나다
拉皮	lāpí	리프팅
脱毛	tuōmáo	제모
比基尼线	bǐjīní xiàn	비키니선
脱发	tuōfà	탈모
填充注射	tiánchōng zhùshè	필러
补水针	bǔshuǐ zhēn	수분주사
美白补水针	měibái bǔshuǐ zhēn	미백수분주사
美白	měibái	미백
黯淡	àndàn	칙칙하다, 어둡다
缩小针	suōxiǎo zhēn	사각턱 보톡스
维他命针	wéitāmìng zhēn	비타민주사
水光针	shuǐguāng zhēn	물광주사
溶脂针	róngzhī zhēn	지방분해주사
PRP注射	PRP zhùshè	PRP주사
干细胞注射	gànxìbāo zhùshè	줄기세포주사
输液	shūyè	수액, 정맥주사

의료용어	한어병음	뜻
透明质酸	tòumíngzhìsuān	히알루론산
提升	tíshēng	탄력을 높이다
结疤	jiébā	흉터가 지다
痘痘	dòudòu	여드름
粉刺	fěncì	여드름
痘疤	dòubā	여드름 흉터
去掉	qùdiào	제거하다
塔高	tǎgāo	높이다
吸脂	xīzhī	지방을 흡입하다
发痒	fāyǎng	가렵다
激素	jīsù	호르몬
平	píng	평평하다
缩小	suōxiǎo	줄이다, 축소시키다
明显	míngxiǎn	선명하게 나타나다
疼	téng	아프다
肿	zhǒng	붓다
薄	báo	얇다
会红	huì hóng	붉어지다
干燥	gānzào	건조하다
厉害	lìhài	심하다
严重	yánzhòng	심각하다
感觉	gǎnjué	느끼다
害怕	hàipà	무섭다
紧张	jǐnzhāng	긴장하다
出汗	chūhàn	땀을 흘리다
口罩	kǒuzhào	마스크
毛孔	máokǒng	모공
毛囊	máonáng	모낭
色斑	sèbān	색소반점

의료용어	한어병음	뜻
复发	fùfā	재발하다
角质	jiǎozhì	각질
角质脱落	jiǎozhì tuōluò	각질탈락
面膜	miànmó	마스크팩
小皱	xiǎo zhòu	잔주름
祛斑	qūbān	점을 없애다
刺痛	cì tòng	따끔거리다, 쿡쿡 쑤시다
去黑眼圈	qù hēiyǎnquān	다크서클 제거하다
深	shēn	깊다
大腿	dàtuǐ	허벅지
小腿	xiǎotuǐ	종아리
胳膊	gēbó	팔
胸部	xiōngbù	가슴
额头	étóu	이마
再生	zàishēng	재생
永远	yǒngyuǎn	영원
疤痕	bāhén	흉터
瘢痕	bānhén	켈로이드
体质	tǐzhì	체질
褐青色痣	hè qīng sèzhì	오타모반
太田痣	tàitián zhì	오타모반
移植	yízhí	이식
毛发移植	máofà yízhí	모발이식
苹果肌	píngguǒjī	광대(사과 같은 볼륨감)
聚财肌	jùcáijī	광대(재물이 모이는 근육)
腰部赘肉	yāobù zhuìròu	러브핸들
斑瘢	bānbān	얼룩흉터
皮质	pízhì	피지
胶原蛋白	jiāoyuándànbái	콜라겐

의료용어	한어병음	뜻
风疹	fēngzhěn	두드러기
抗老化	kànglǎohuà	안티에이징
激光头宁	jīguāng tóu níng	레이저 토닝
换肤	huànfū	필링
挤压	jǐyā	압출
黑脸娃娃	hēiliǎn wáwá	스펙트라 레이저 필링
铷雅铬激光	rúyāgè jīguāng	엔디야그 레이저
二氧化碳激光	èryǎng huàtàn jīguāng	Co2 레이저
饵雅克激光	ěryǎkè jīguāng	어븀야그 레이저
热玛吉	rèmǎjí	써마지
塑美极	sùměijí	써마지
乌谢拉	wūxièlā	울쎄라(초음파 주름 제거)
超声波	chāoshēngbō	초음파
飞梭激光	fēisuō jīguāng	프락셀
脉冲染料激光	màichōng rǎnliào jīguāng	브이빔 퍼펙타 레이저
准分子激光	zhǔnfēnzǐ jīguāng	엑시머 레이저
植入假体	zhírù jiǎtǐ	보형물을 넣다
硅胶	guījiāo	실리콘
鼻梁歪斜	bíliáng wāixié	콧대가 휘다
塌鼻梁	tābíliáng	납작코
鼻头肥大	bítou féidà	콧망울이 크다
鼻翼过宽	bíyì guò kuān	콧날개가 넓다
瓜子脸	guāzǐ liǎn	V라인 얼굴
国字脸	guózì liǎn	사각턱

4-3

중국인 환자 앞에서 갑자기 기억나지 않는 단어 어쩌면 좋을까?

의사: 얼굴 전체가 기미인데 햇빛을 오래 받으면, 피부가 스스로 보호하기 위해 진피층에 있는 멜라닌 세포가 올라오면서 얼굴색이 점점 칙칙해집니다. 멜라닌 세포가 활성화되면 혈관이 늘어나면서 노화가 생기고 탄력이 떨어집니다. 멜라닌 세포를 없애버리면 마이클 잭슨처럼 백반증이 되어 낮에 활동 할 수 없게 됩니다. 밖에 나가려면 검은색 옷과 장갑을 착용한 후 검은 색 우산까지 써야 됩니다. 멜라닌 세포를 없앨 수 없기 때문에 복합적인 레이저 치료를 통해 기미를 유발하는 요소를 제거하고 동시에 늘어난 혈관을 정상화하는 치료를 합니다. 기미가 심할 경우에는 기미주사도 맞아야 되고요. 이는 기미 치료뿐만 아니라 주름 개선, 탄력 등 피부 노화를 예방하는 치료이기도 합니다. 기미

는 어려운 치료이기 때문에 최소 6개월에서 1년 이상 치료해야 합니다. 설명해주세요.

나: '저 내용을 설명해야 환자가 쉽게 알아들을 수 있을까?
기미는 黃褐斑인데 중국인이 이 말을 알아들을까?
진피층을 중국어로 뭐라고 말해야 되나?
멜라닌 세포는?
무엇부터 얘기해야 하나?'

실제로 피부과에서 중국어통역코디네이터로 근무했었을 때 원장님께서 말씀하신 기미진료 내용을 중국인 환자한테 통역하려고 했었던 상황입니다.

원장님께서 쉬지 않고 길게 말씀하시면 중국인 환자한테 꼭 말해야 할 단어가 기억이 나지 않아 당황하게 됩니다. 특히 의료용어를 중국어로 말하고 싶어도 단어를 잘 모를 경우 어떻게 말해야 되는지 말문이 막힙니다. 만약에 원장님의 진료 내용을 전달하다가 중국인 환자가 중간에 끼어들기라도 한다면 머릿속 단어들이 날아가 버릴 수도 있습니다. 중국어로 어떻게 말해야 되는지 모르거나, 단어가 생각이 나지 않으면 어떻게 해야 할까요?

외국어를 공부할 때 문장이 아니라 단어만 외우는 잘못된 습관 때문에 막상 말로 전달하려고 하면 머릿속이 백지장처럼 하얘집니다. 단어만 달달 외우는 습관을 버리지 못하면 100번을 반복해도 실전에서 활용하기 어렵습니다.

눈으로 읽는 단어는 기억의 수명이 짧고 일시적입니다. 한 번 보고 잘 기억하는 단어가 있다면 그것은 자연스럽게 반복해서 듣게 되었거나 자신이 그 단어를 자주 사용했기 때문에 입 밖으로 내뱉는 것이 쉬운 것입니다.

담당 의사는 통역을 의식하지 않고 이야기를 합니다. 따라서 의사의 말을 그대로 전달하는 것은 의료정보가 없는 환자의 입장에서는 오히려 이해할 수 없는 언어로 받아들여집니다. 의료용어의 경우 내국인에게 한국어로 설명을 해도 마찬가지입니다. 통역은 전달자의 수준에 맞춰 쉽고 간단한 문장으로 전달하는 것이 좋습니다. 이때 전달한 내용의 핵심어를 파악하는 것이 중요합니다. 이 장에서 제시한 <Tip 장기 기억으로 가는 중국어 단어 암기법>과 의료중국어 단어 공부법은 제가 병원에서 근무한 기간 동안 터득한 저만의 노하우입니다. 평소 간단한 의료통역에 어려움을 겪고 계셨던 분이라면 이 방법을 참고해 보시면 좋겠습니다.

Tip

장기 기억으로 가는 중국어 단어 암기법

1. 사전을 통해 단어를 찾아 네임카드에 한자만 씁니다.
   단, 한어병음(발음)을 쓰고 싶다면 뒷면에 작게 씁니다.
2. 이 단어가 어떻게 만들어졌는지 각 한자의 뜻을 사전을 통해 파악합니다.
3. 마지막으로 이 단어의 의미를 알았으면 단어가 들어간 문장을 만들어 봅니다.

멜라닌 색소

黑色素
hēisèsù

왜 黑色素라고 말할까요?

> 우리 피부가 자외선에 노출되면 멜라닌 색소가 올라오면서 피부 표면이 갈색으로 변하다가 심해지면 피부색이 칙칙해집니다.
> 그래서 검은 색을 중국어로 黑色 hēisè,
> 그냥 색소는 色素 sèsù, 합치면 黑色素 hēisèsù

그렇다면 黑色素를 활용해서 할 수 있는 말은?

熊果素防止皮肤黑色素沉淀改善皮肤亮度。
xióngguǒsù fángzhǐ pífū hēisèsù chéndiàn gǎishàn pífū liàngdù.
알부틴은 피부에 멜라닌 색소가 침착하는 것을 방지하여 환한 피부 톤을 개선시키는 역할을 합니다.

멜라닌 세포

黑色素细胞
hēisèsù xìbāo

왜 黑色素细胞 라고 말할까요?

> 멜라닌 색소를 만들어 내는 것은 진피층에 있는 멜라닌 세포가 있기 때문입니다.
> 멜라닌 색소 黑色素 hēisèsù와 세포 细胞 xìbāo를
> 합치면 黑色素细胞 hēisèsù xìbāo 멜라닌 세포 입니다.
> 여기서 细胞 xìbāo의 细는 가늘다 (세), 胞는 세포 (포)입니다.

그렇다면 黑色素细胞를 활용해서 할 수 있는 말은?

白斑症是因黑色素细胞
báibānzhèng shì yīn hēisèsù xìbāo
减少而皮肤上出现白斑的疾病。
jiǎnshǎo ér pífū shàng chūxiàn báibān de jíbìng.
백반증은 멜라닌 세포가 감소되면서 피부에 흰 반점이 생기는 병입니다.

> 여기서 '멜라닌 세포'라는 단어뿐만 아니라 '백반증'이라는 단어를 같이 활용하면서 백반증을 중국어로 설명할 수 있는 1석 2조.
> 백반증은 白斑症 báibānzhèng, 말 그대로 흰 얼룩 반점이 있는 질병.

진피층

真皮层
zhēnpícéng

왜 真皮层 이라고 말할까요?

> 真皮 zhēnpí 진피는 '진짜 피부'의 약자로서 피부를 지지해주고 탄력성을 유지시키는 역할, 层 céng 층으로 이루어졌기 때문에 진피와 층이 만나 真皮层 zhēnpícéng 진피층이라고 합니다.

그렇다면 真皮层을 활용해서 할 수 있는 말은?

真皮层是皮肤内部的中层。
zhēnpícéng shì pífū nèibù de zhōngcéng.
진피층은 피부 내부의 중간층입니다.

① 얼굴 전체가 기미인데 햇빛을 오래 받으면

⇨ 全脸是黄褐斑。
quánliǎn shì huánghèbān.
这种是长时间受到紫外线的话
zhèzhǒng shì cháng shíjiān shòudào zǐwàixiàn de huà

② 스스로 보호하기 위해 진피층에 있는 멜라닌 세포가 올라오면서

⇨ 为了皮肤自己保护、
wèile pífū zìjǐ bǎohù,
在真皮层上出来黑色素细胞
zài zhēnpícéng shàng chūlái hēisèsù xìbāo

③ 피부가 얼굴색이 점점 칙칙해집니다.

⇨ 皮肤越来越黯淡。
pífū yuèláiyuè àndàn.

④ **멜라닌 세포가 활성화되면 혈관이 늘어나면서 노화가 생기고 탄력이 떨어집니다.**

⇨ 黑色素细胞活性之后、
hēisèsù xìbāo huóxìng zhīhòu,
血管越来越扩张而且发生老化、
xuèguǎn yuèláiyuè kuòzhāng érqiě fāshēng lǎohuà,
松弛皮肤。
sōngchí pífū.

⑤ **멜라닌 세포를 없애버리면 마이클 잭슨처럼 백반증이 되어 낮에 활동 할 수 없게 됩니다.**

⇨ 消失黑色素的话、
xiāoshī hēisèsù de huà,
好像迈克尔·杰克逊有得白癜风、
hǎo xiàng mài kè ěr · jié kè xùn yǒu dé báidiànfēng,
白天不能出去外边活动。
báitiān bùnéng chūqù wàibiān huódòng.

> 여기서 잠깐!
> 白癜风과 白癜症는 같은 말

⑥ 밖에 나가려면 검은색 옷과 장갑을 착용한 후
검은색 우산까지 써야 됩니다.

⇨ 出去外边、
chūqù wàibiān,
一定要穿黑衣服和手套、带黑雨伞。
yídìng yào chuān hēiyīfu hé shǒutào, dài hēiyǔsǎn.

⑦ 멜라닌 세포를 없앨 수 없기 때문에 복합적인 레이저 치료를 통해 기미를 유발하는 요소를 제거하고 동시에 늘어난 혈관을 정상화하는 치료를 합니다.

⇨ 原来不能消失黑色素、
yuánlái bùnéng xiāoshī hēisèsù,
我们用各种激光去掉色斑、
wǒmen yòng gèzhǒng jīguāng qùdiào sèbān,
而且治疗夸张血管会正常。
érqiě zhìliáo kuāzhāng xuèguǎn huì zhèngcháng.

⑧ 기미가 심할 경우에는 기미주사도 맞아야 되고요.

⇨ 色斑太深的话、在脸上打美白针。
sèbān tài shēn de huà, zài liǎnshàng dǎ měibái zhēn.

⑨ 이는 기미 치료뿐만 아니라 주름개선,
탄력 등 피부 노화를 예방하는 치료이기도 합니다.

⇨ 不是单纯黄褐斑治疗、
búshì dānchún huánghèbān zhìliáo,
改善皱纹、
gǎishàn zhòuwén,
提升、
tíshēng,
抗老化 等等 也能治疗。
kànglǎohuà děngděng yě néng zhìliáo.

⑩ 기미는 어려운 치료이기 때문에 최소 6개월에서
1년 이상 치료해야 합니다.

⇨ 黄褐斑很难的治疗、
huánghèbān hěn nán de zhìliáo,
所以从最少6个月到1年以上一定要治疗。
suǒyǐ cóng zuìshǎo liùgèyuè dào yìnián yǐshàng yídìng yào zhìliáo.

4-3장에 나왔던 의사가 환자에게 설명하는 기미진료 내용을 [의료통역 공부법]을 통해 중국어로 번역한 자료입니다. 의료중국어 단어를 장기기억으로 이어가려면 의사가 환자에게 자주 하는 말을 메모한 후 중국어로 번역해서 읽는 연습을 하셔야 합니다. 한국어 문장을 보고 바로 중국어로 말하기가 어렵다면 위에 제시한 방법을 활용해보세요. 이 방법은 실제 통역을 하는 데에 도움이 됩니다. 지금부터 실행해보세요.

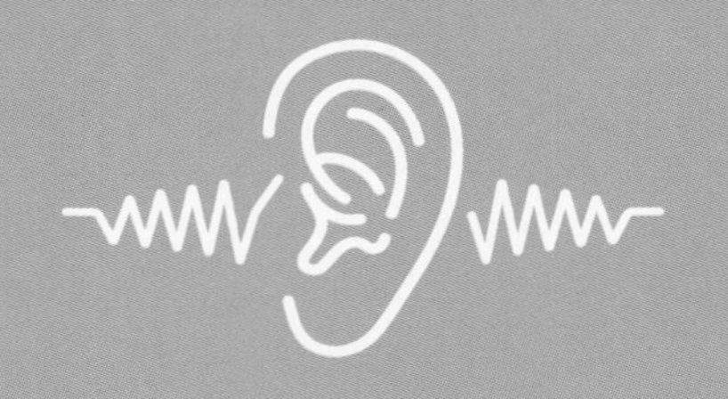

제5장

•

•

중국인 환자가 듣고 싶어 하는 말이 있다

5장

중국인 환자가 듣고 싶어 하는 말이 있다

•
•
•

중국어에 익숙해질수록 환자와의 대화도 늘게 됩니다.
대화시간이 는다는 것은 환자도 병원을 신뢰하고
마음을 열고 있다는 뜻입니다.

중국어를 처음 배우는 분들은
익숙하지 않은 발음과 문법 때문에 힘들어합니다.
그러다 보니 다른 언어에 비해 중도에 포기하는 분들이 많습니다.

몇 달만 배우고 포기하는 사람도 있지만
그럼에도 불구하고 끝까지 중국어를 놓지 않는 사람들은
아는 단어가 많아지는 순간 중국어로 말하려고 합니다.

중국인 환자를 응대해야 하니
중국어로 되어있는 의료용어를 외우겠죠?

중국인 환자를 잘 관리하려면
중국어를 잘해야 하는 것은 당연합니다.
그런데 단순히 중국어 말만 잘해서 될까요?

4장에도 언급했지만 중국어를 길게 유창하게 말하는 것이
잘하는 것이 아니라고 했습니다.

중국인 환자가 물어보는 말에 짧고 정확하게 말하는 것이
진짜 중국어를 잘하는 것이라 했습니다

중국인 환자의 질문들을 들어보면
'나는 이런 말을 듣고 싶어요,
그래야 여기서 치료를 받을 수 있을 것 같아요'라는 메시지가
공통적으로 들어가 있습니다.

하지만 환자가 원하는 대로 치료를 해주고
환자가 처방해달라는 대로 해준다면 의료사고입니다.

환자의 증상에 맞는 치료를 제시해야 하기 때문에
환자가 원하지 않더라도
원장님께서 제시한 진료대로 상담을 할 수 밖에 없습니다.

그러다 보면 중국인 환자가 원하지 않는 상담을 하게 되어
정작 듣고 싶어 하는 말을 못 듣겠죠.
그리고 중국인 환자는 다시 다른 병원으로 가게 됩니다.
중국인 환자가 다른 병원으로 가게 되는 것은
병원 입장에서는 손해입니다.

그렇다고 중국인 환자가 원하는 대로
서비스를 제공하라는 뜻은 아닙니다.
중국인 환자가 다른 병원으로 가지 않게
중국인 환자의 치료 인식을 바꿔
병원을 믿을 수 있는 방법을 찾아야 합니다.

5장을 통해 지역별 중국인 환자 스타일을 먼저 파악해서
중국인 환자들이 좋아하는 말이 무엇인지,
병원에서 치료 받는 것을 불안해하는

중국인 환자의 마음을 보듬어 줄 수 있는 말
그리고 중국인 환자의 컴플레인을 가라앉히는 표현들을
익혀본다면 분명 도움이 될 겁니다.

5-1

유형별 중국인 환자 스타일 파악 먼저

중국은 우리나라 한반도 면적의 45배의 넓은 영토와 56개의 소수민족으로 구성된 거대한 나라입니다. 남방과 북방, 내륙과 해안지역, 한족과 소수민족 등 각 지역별로 중국인들의 성격과 기질의 차이가 있습니다. 중국인들의 성격을 일반화할 수는 없지만 전반적인 그 지역 사람들의 타고난 기질이 있어 유형별 중국인의 성격을 미리 안다면 중국인과 상담할 때 도움이 됩니다. 다음은 실제 상담을 통해 확인한 경험적 사례를 중심으로 구성해보았습니다.

실제 상담 사례 - 가격부터 물어보는 중국인 환자

엘리베이터 문이 열리자마자 중국인 환자가 접수데스크를 향해 갑니다. 타병원에서 상담받은 레이저 또는 소셜미디어를 통해 알게된 레이저 치료를 보여주면서 치료 비용부터 물어보는 환자가 있습니다.

这个多少钱?
zhège duōshǎoqián?
레이저 치료비용은 얼마인가요?

告诉我一套费用。
gàosu wǒ yítào fèiyòng.
패키지 비용을 알려주세요

위와 같이 환자가 질문한다면 여러분 어떻게 응대하시겠습니까?

每个人状态不一样、
měigèrén zhuàngtài bùyíyàng,
所以先看医生之后就知道。
suǒyǐ xiān kàn yīshēng zhīhòu jiù zhīdào.
사람마다 상태가 다르기 때문에
원장님께 진료를 보셔야 비용을 알 수 있습니다.

중국인 환자는 체면을 중시하기 때문에 이처럼 안내를 받는다면 서비스를 받지 못했다고 생각하여 타병원으로 발걸음을 돌립니다. 환자마다 치료방법과 치료받는 횟수가 다르기 때문에 정확한 가격을 제시하기 어려울 겁니다. 이때는 아래와 같이 말해보시기 바랍니다.

这种治疗一次最少费用是금액。
zhèzhǒng zhìliáo yícì zuìshǎo fèiyòng shì
但是每个人治疗几次、方法都不一样。
dànshì měigèrén zhìliáo jǐcì, fāngfǎ dōu bùyíyàng.
看医生的话、提供仔细的诊疗方法、
kàn yīshēng de huà, tígōng zīxì de zhěnliáo fāngfǎ,
要几次都告诉您。
yào jǐcì dōu gàosu nín.
以后在咨询室对您合适的治疗费用才知道。
yǐhòu zài zīxúnshì duì nín héshì de zhìliáo fèiyòng cái zhīdào.

이 치료의 1회 최소비용은 □입니다.
그러나 환자마다 치료횟수와 방법에 따라 가격이 다릅니다.
진료를 보신다면 치료방법과 얼마나 치료를 해야 되는지
자세하게 알려드립니다. 진료보신 후 상담실에서
고객님께 적합한 치료에 대한 비용을 아실 수 있습니다.

중국의 1선 도시 북경, 상해, 광저우, 심천, 천진 지역에서 오신 중국인 환자들은 중국 또는 한국 대형병원마다 투어를 하며 상담을 받기 때문에 이들은 치료에 대한 사전 정보가 많습니다.

적합한 치료를 찾지 못하여 불안해하는 환자가 많기에 비용 먼저 질문합니다. 비용이 너무 비싸면 아무리 병원 서비스가 좋다하더라도 다른 병원에 알아보려고 합니다. 따라서 환자가 제일 먼저 듣고 싶어 하는 가격을 1회 기준 최소비용을 알려준 후 환자가 올바른 진료 및 상담을 받을 수 있도록 이들을 안내하는 것이 좋습니다.

做1次全部改善吗?
zuò yícì quánbù gǎishàn ma?
치료 한 번으로 개선됩니까?

做1次不能改善怎么办?
zuò yícì bùnéng gǎishàn zěnmebàn?
치료 한 번으로 개선이 안 되면 어떡하나요?

治疗后、有副作用吗?
zhìliáo hòu, yǒu fùzuòyòng ma?
치료 후, 부작용이 있나요?

都治疗后、没有效果的话怎么办?
dōu zhìliáo hòu, méi yǒu xiàoguǒ de huà zěnmebàn?
치료 후 효과가 없다면 어떡하나요?

걱정과 의심이 가득한 중국인 환자들이 진료 및 상담 때 위와 같이 자주 질문합니다. 특히 초진환자들은 병원에 자주 왕래하기 힘들고 한국에서 처음 치료받기 때문에 같은 질문을 치료를 마칠 때까지 여러 번 말합니다. 반복적인 질문에 어떻게 응대하는 것이 좋을까요?

我知道您不容易常常来我们医院。
wǒ zhīdào nín bùróngyì chángcháng lái wǒmen yīyuàn.

所以我们推荐最合适的治疗。
suǒyǐ wǒmen tuījiàn zuìhéshì de zhìliáo.

对您做一次效果最好的治疗。
duì nín zuò yícì xiàoguǒ zuìhǎo de zhìliáo.

请不要担心副作用。
qǐng búyào dānxīn fùzuòyòng.

我们主要是又安全又效果。
wǒmen zhǔyào shì yòu ānquán yòu xiàoguǒ.

刚才看院长、已经知道您的状态。
gāngcái kàn yuànzhǎng, yǐjīng zhīdào nín de zhuàngtài.

他特别关心您的状态。
tā tèbié guānxīn nín de zhuàngtài.

做1次治疗后、比以前好舒服的感觉您才知道。
zuò yícì zhìliáo hòu, bǐ yǐqián hǎo shūfú de gǎnjué nín cái zhīdào.

我们一起解决问题、我们帮回复您的状态。
wǒmen yìqǐ jiějué wèntí, wǒmen bāng huīfù nín de zhuàngtài.

고객님께서 우리 병원에 자주 내원하는 것이 힘들다는 것을 잘 압니다.
그래서 고객님께 제일 적합한 치료를 추천해드립니다.
고객님한테 효과가 있는 치료입니다. 부작용에 대해 걱정하지 마세요.
저희 병원 주 치료 목적은 환자의 안전과 치료의 효과입니다.
방금 진료 보셨던 원장님께서 이미 고객님의 상태를 아시고 신경 쓰고 계십니다.
1회 치료 후 이전보다 좋아졌다는 것을 알게 됩니다.
문제에 대해 같이 해결하고 회복하는 데에 도와드리겠습니다.

위와 같이 중국인 환자의 입장에서 그들을 위하는 마음으로 응대한다면 의심이 많은 중국인 환자들은 더 이상 반복해서 질문하지 않습니다. 반복해서 질문한다는 것은 불안해서 의심을 하게 되는 것입니다. 우리 병원에 대한 신뢰를 갖도록 응대하는 것이 좋습니다.

最好的治疗是什么? 告诉我

zuìhǎo de zhìliáo shì shénme? gàosu wǒ.

제일 좋은 치료가 무엇인가요? 알려주세요.

길게 상담을 원하는 것보다 자신한테 도움이 되는 치료에 대한 핵심을 듣고 싶어 하는 중국인 환자도 있습니다. 치료내용에 대해 설명할 때 치료과정과 순서에 대한 설명보다는 우선 치료결과에 대한 이야기를 듣길 원합니다.

先我给您看其他顾客治疗前后对比的照片吧。

xiān wǒ gěi nín kàn qítā gùkè zhìliáo qiánhòu duìbǐ de zhàopiàn ba.

먼저 고객님께 다른 환자의 치료 전 후 사진을 보여드리겠습니다.

이 분들은 의료의 기술적인 면을 중요시하기 때문에 그들이 원하는 정보를 정확히 전달하는 것이 좋습니다. 자신과 비슷한 상태에서 치료를 받은 타인의 치료결과를 눈으로 확인하고 싶어 하기 때문에 먼저 타 환자의 전 후 사진을 보여주고 치료과정과 횟수를 중심으로 설명을 하는 것이 좋습니다. 참고로 상담 시에는 환자들의 방문일정과 체류기간 등을 함께 고려해서 상담을 진행하고 스케줄을 확인해서 환자에게 적합한 치료를 제안하는 것이 좋습니다.

지역과 상관없이 우리나라 병원에 오는 중국인 환자들은 대접받는 것을 좋아합니다. 친절은 물론이고 그들이 원하는 결과를 얻었을 때 만족을 합니다. 자세한 설명을 좋아하는 사람들도 있지만 핵심적인 말, 필요한 말만 원하는 중국인 환자들도 있습니다. 이러한 분들은 의심이 많고 예민하기 때문에 말과 행동으로 정성을 보여준다면, 그들은 겉으로 표현 하지 않아도 속으로 고마워합니다. 특히 북부지역에 사는 중국인 환자들이 표현에 인색하지만 알고 보면 진국인 면도 있습니다.

자신한테 잘해주는 사람을 좋아하지 않을 수 없습니다. 그래서 예민하고 까다로운 중국인 환자들이 좋아하는 말을 병원 현장에서 쓸 수 있도록 아래와 같이 정리했습니다.

继续护理 越来越更好。

jìxù hùlǐ yuèláiyuè gèng hǎo.

지속적인 관리를 한다면 갈수록 더 좋아집니다.

下次来、我跟院长商量哪种最好送给免费的治疗。

xiàcì lái, wǒ gēn yuànzhǎng shāngliáng nǎ zhǒng zuìhǎo sòng gěi miǎnfèi de zhìliáo.

다음에 오실 때 어느 치료를 서비스로 제공할지 원장님과 상의해서 말씀드릴게요.

我发微信护理内容。您要记住。别忘记。
wǒ fā wēixìn hùlǐ nèiróng. nín yào jìzhù. bié wàngjì.
위챗으로 관리내용을 보내드릴게요. 잊지 말고 꼭 기억하세요.

忘记的话、您一定给我联系。
wàngjì de huà, nín yídìng gěi wǒ liánxì.
잊으셨다면 저한테 연락주세요.

我们不推荐太多治疗。
wǒmen bù tuījiàn tài duō zhìliáo.
给您最需要的治疗是最好。
gěi nín zuì xūyào de zhìliáo shì zuìhǎo.
저희는 치료를 많이 권하지 않습니다.
고객님한테 제일 필요한 치료를 하는 것이 좋습니다.

没时间的话、对您最合适的方法我们找一找吧。
méi shíjiān de huà, duì nín zuìhéshì de fāngfǎ wǒmen zhǎo yī zhǎo ba.
시간이 없으면 고객님한테 적합한 치료 방법을 같이 찾아봅시다.

没有副作用。
méiyǒu fùzuòyòng.
有副作用的话事先说明。
yǒu fùzuòyòng de huà shìxiān shuōmíng.
부작용이 없습니다. 부작용이 있다면 사전에 설명해드립니다.

5-2

타국에서 치료받는 중국인 환자의 속마음

치료를 받기 위해 외국에 간다고 생각해봅시다. 외국의 낯선 병원에 방문해서 진료를 받고 수술 일정을 잡아 수술하게 되었습니다. 이 때 어떤 마음일까요? 언어가 통하지 않는다는 것은 무척이나 두려운 일입니다. 낯선 환경에서 언어까지 통하지 않으니 치료를 받는 순간부터 돌아가는 날까지 스트레스를 받게 되겠지요.

특히나 성형의 경우 개개인의 상태에 따라 결과가 달리 나타날 수 있기 때문에 치료결과를 최종적으로 확인하기까지 담당의사와 환자는 서로 예민해질 수밖에 없습니다.

상담 시에는 환자에게 진료 내용을 정확히 전달해야 합니다. 의료사고를 예방하기 위해서는 서로 간의 의사소통 과정에서 오해가 있어서는 안 됩니다. 환자가 불안할수록 재차 확인 질문을 하기 때문에 상담시간이 길어지기도 하지만 서로 정확히 내용을 인지했음을 확인하는 것이 중요합니다.

의료코디네이터는 통역만을 전담하는 직업이 아닙니다. 의사를 대신해서 치료에 관한 정보를 전달하고, 환자가 심리적으로 안정될 수 있도록 마음을 어루만져 주는 감성 또한 중요합니다.

중국인 환자가 내 편이 될 수 있도록 하려면 그들의 마음을 먼저 읽고 그들에게 위로하는 말과 함께 상담하는 것이 필수라고 생각합니다. 이 장에서 제시한 [실용회화편: 불안한 중국인 환자를 위로하는 말]을 실제 내원한 중국인 환자에게 활용해보셨으면 좋겠습니다.

실용회화편 불안한 중국인 환자를 위로하는 말

别担心。
bié dānxīn.
걱정하지 마세요.

别怕。
bié pà.
무서워하지 마세요.

轻松一点儿。
qīngsōng yìdiǎnr.
긴장을 푸세요.

相信我。
xiāngxìn wǒ.
믿어보세요.

一直旁边您。
yìzhí pángbiān nín.
옆에서 계속 있겠습니다.

有点儿不舒服的话、请告诉我。
yǒudiǎnr bùshūfu de huà, qǐng gàosu wǒ.
조금이라도 불편하시면 말씀주세요.

疼的话、拉手吧。
téng de huà, lāshǒu ba.
아프면 손 잡으세요.

放心吧。
fàngxīn ba.
걱정하지 않으셔도 됩니다. 마음 놓으셔도 됩니다.

我们推荐最合适的治疗方法。
wǒmen tuījiàn zuìhéshì de zhìliáo fāngfǎ.
가장 적합한 치료 방법을 권해드립니다.

还怕的话、再想一想吧。
hái pà de huà, zài xiǎng yī xiǎng ba.
그래도 치료받기 두려우시면 다시 한 번 생각해 보세요.

不想做、不能强求。
bùxiǎng zuò, bùnéng qiǎngqiú.
치료받기 원하지 않으실 경우 강요하지 않습니다.

没关系。

méiguānxi.

괜찮습니다.

这种治疗、

zhèzhǒng zhìliáo,

敏感的人也可以做治疗。

mǐngǎn de rén yě kěyǐ zuò zhìliáo.

이러한 치료는 민감한 사람도 받을 수 있습니다.

没问题。

méiwèntí.

문제없습니다. 괜찮습니다.

现在治疗放弃的话、后来可能更厉害。

xiànzài zhìliáo fàngqì de huà, hòulái kěnéng gèng lìhài.

지금 치료를 포기하신다면 나중에 더 심해질 수 있습니다.

回国之后、有不舒服的话、再给我联系。
huíguó zhīhòu, yǒu bùshūfu de huà, zài gěi wǒ liánxì.
귀국 후 불편한 증상이 있을 경우 다시 연락주세요.

治疗后也继续护理。
zhìliáo hòu yě jìxù hùlǐ.
치료 후에도 계속 사후관리 해드립니다.

做完之后您才明白为什么推荐这种治疗方法。
zuò wán zhīhòu nín cái míngbái wèishénme tuījiàn zhèzhǒng zhìliáo fāngfǎ.
이러한 치료를 권한 이유를 치료 후에 느끼실 수 있습니다.

对您不合适这种治疗、我不能推荐。
duì nín bùhéshì zhèzhǒng zhìliáo, wǒ bùnéng tuījiàn.
이 치료가 고객님한테 적합하지 않다면 이 치료를 권하지 않습니다.

5-3

중국인 환자의 불만 제기에 현명하게 응대하는 말

"내가 진료비를 왜 내야 돼?
나는 상담받고 싶다고 했지 진료받고 싶다는 말은 안했는데?"

"내가 병원 매출 올려주는데 나한테 이렇게 대하면 안 되지."

"올 때마다 패키지 결제하는데 서비스 없어?"

"다른 병원에 비해 너무 비싼데 이 가격 맞아?
내가 외국인이라서 더 받으려고 하는 거 아니야?"

"내가 지인한테 소개도 많이 해줬는데
나한테 잘해줘야 하는 거 아니야?"

"여기서 치료받아도 효과가 없는데 제대로 치료해준 거 맞아?
상담내용이랑 다른데?"

"치료 잘못 받은 거 같아. 이거 부작용 생긴 거 아니야?"

"치료 받기 전에 어떤 브랜드의 레이저 기기를 쓰는지
내 눈으로 봐야겠어."

위의 사례는 제가 근무했었던 피부과에서 중국인 환자에게 들었던 실제 불만사례입니다. 병원에서 장기 근무하고 계신 분들이라면 유사한 사례를 한두 번쯤은 경험해 보셨을 겁니다. 이미 발생한 일은 수습이 우선입니다. 이번 장에서는 고객의 불만제기에 어떤 말로 대응하면 좋을지에 대한 문장들을 다루어 보겠습니다.

실용회화편 중국인 환자의 불만 제기에 응대하는 말

- 전화 예약도 없이 무작정 내원해서 바로 진료를 받겠다고 할 경우

A: 我要看医生。等久吗?

wǒ yào kàn yīshēng. děng jiǔ ma?

원장님 진료 보고 싶은데 많이 기다려야 하나요?

B: 现在院长不在。今天他休日。

xiànzài yuànzhǎng búzài. jīntiān tā xiūrì.

我觉得您马上回国 没有时间、

wǒ juéde nín mǎshàng huíguó méiyǒu shíjiān,

所以看其他院长怎么样?

suǒyǐ kàn qítā yuànzhǎng zěnmeyàng?

그때 진료 보셨던 원장님이 안 계십니다.

오늘 원장님 휴진입니다.

제 생각에는 바로 귀국하셔야 해서 시간이 없으니,

다른 원장님에게 진료 보시는 것이 어떨까요?

또는

B: 现在院长手术中、

xiànzài yuànzhǎng shǒushù zhōng,

我们先咨询之后看院长。

wǒmen xiān zīxún zhīhòu kàn yuànzhǎng.

지금 원장님이 수술 중이라,

저와 상담 후 원장님 진료를 보시는게 좋을 것 같습니다.

실용회화편 중국인 환자의 불만 제기에 응대하는 말

- 진료비 지불에 대해 불만 제기를 할 경우

A: 我为什么付钱?
wǒ wèishénme fùqián?
我刚才说了咨询、不是看医生。
wǒ gāngcái shuō le zīxún, búshì kàn yīshēng.
왜 진료비를 내야 하나요?
상담받겠다고 말했지 진료 보겠다는 말은 하지 않았는데요.

B: 我先没说明诊疗费给您、
wǒ xiān méi shuōmíng zhěnliáofèi gěi nín,
不好意思。
bùhǎoyìsī.
咨询费没有、只有诊疗费。
zīxúnfèi méiyǒu, zhīyǒu zhěnliáofèi.
这是看院长的费用。
zhèshì kàn yuànzhǎng de fèiyòng.
下次看院长的话、要开始付钱。
xiàcì kàn yuànzhǎng de huà, yào kāishǐ fùqián.
먼저 진료비에 대한 설명을 못한 부분에 대해서 죄송합니다.
상담 비용은 없고 진료비만 있습니다.
진료비는 원장님을 봤다는 비용인데요.
다음에 진료보실 경우, 진료비를 지불하셔야 합니다.

> 치료를 받지 않아도 원장님 진료를 본 행위로 어느 정도 금액을 지불해야 하는지, 보험 적용 여부 등에 대한 설명을 접수 시 사전에 말하는 것이 컴플레인을 대처하는 예방법입니다.

실용회화편 중국인 환자의 불만 제기에 응대하는 말

- 다른 병원에 비해 터무니없이 비싸다는 컴플레인을 할 경우

A: 这么太贵啊。
zhème tài guì a.
其他医院给我说了价格、
qítā yīyuàn gěi wǒ shuō le jiàgé,
不是这样的。
búshì zhèyàngde.
왜 이렇게 비싼가요?
다른 병원에서 나에게 이 가격을 제시하지 않았어요.

B: 每个医院保有激光不一样。
měigè yīyuàn bǎoyǒu jīguāng bùyíyàng.
而且治疗方法也是不一样的。
érqiě zhìliáo fāngfǎ yě shì bùyíyàngde.
多多治疗的话价格更贵。
duōduō zhìliáo de huà jiàgé gèng guì.
我们推荐对您需要治疗。
wǒmen tuījiàn duì nín xūyào zhìliáo.
再考虑之后决定吧。
zài kǎolǜ zhīhòu juédìng ba.
병원마다 보유하고 있는 레이저가 다르며 치료 방법 또한 다릅니다.
치료를 많이 할수록 가격은 비싸지는데요.
고객님께 꼭 필요한 치료를 권해드리려고 합니다.
다시 생각해보고 결정하셔도 됩니다.

> 중국인 환자는 이미 다른 병원에서 치료 비용에 대한 상담까지 한 상태이기 때문에 우리 병원에서는 합리적인 비용을 제시하는 것이 좋습니다. 합리적인 비용을 제시해도 비싸다고 인하해 달라고 요구하면 무턱대고 저렴한 비용을 제시하는 것 보다 제시한 비용에 대해 논리적인 설명을 하는 것이 좋습니다.

실용회화편 중국인 환자의 불만 제기에 응대하는 말

- 치료 서비스에 대한 컴플레인 할 경우

A: 我这么多治疗、没有服务吗?
wǒ zhème duō zhìliáo, méiyǒu fúwù ma?
이렇게 치료를 많이 하는데 서비스 없나요?

B: 请稍等。我跟院长商量吧。
qǐngshāoděng. wǒ gēn yuànzhǎng shāngliáng ba.
잠시만 기다려주세요. 원장님과 상의해보겠습니다.

환자가 받고 있는 치료에서 추가적인 치료 서비스가 어렵다고 하기 보다는 원장님께 여쭤보겠다는 말을 하는 것이 좋습니다. 원장님과 상의 후 다른 치료에 대한 서비스를 추가로 제공할 것인지 또는 당장 서비스를 제공해주기 어려운 상황이면 다음 내원 시 서비스를 받을 수 있도록 해주겠다는 약속을 하시는 것이 좋습니다.

실용회화편 중국인 환자의 불만 제기에 응대하는 말

- 치료 결과에 대한 컴플레인 할 경우

A: 做治疗之后、没有效果。
zuò zhìliáo zhīhòu, méiyǒu xiàoguǒ.
치료해도 효과가 없는 것 같아요.

B: 只有做一次、
zhǐyǒu zuò yícì,
一次不能100%改善的。
yícì bùnéng bǎifēnzhī yìbǎi gǎishàn de.
最后治疗完之后、
zuìhòu zhìliáo wán zhīhòu,
我们给看前后对比照片。
wǒmen gěi kàn qiánhòu duìbǐ zhàopiàn.
看照片您才知道改善的结果。
kàn zhàopiàn nín cái zhīdào gǎishàn de jiéguǒ.
한 번 치료한 상태라, 한 번의 치료로 100% 개선이 어렵습니다.
마지막 치료 끝난 후, 저희가 전 후 사진을 비교해서 보여드립니다.
사진 보시면 개선된 결과를 아실 수 있습니다.

컴플레인이 발생하지 않도록 상담 시 중국인 환자가 이해하기 쉽도록 자세한 설명이 필요합니다. 설명을 해도 중국인 환자들은 듣고 싶은 말만 들으려는 경우가 많아 우리가 상담한 내용을 듣지 못했다고 할 수 있습니다. 그럴 경우 차분하게 다시 한 번 설명해주는 것이 좋습니다.
위에 나와 있는 문장들을 반복해서 읽고 현장에서 직접 말해보세요.

실용회화편 중국인 환자의 불만 제기에 응대하는 말

- 치료 후 부작용에 대한 컴플레인 할 경우

A: 治疗之后、发生了。是副作用吗?
zhìliáo zhīhòu, fāshēng le. shì fùzuòyòng ma?
치료 후 생긴 것 같은데, 부작용인가요?

B: 治疗之后本来发青、
zhìliáo zhīhòu běnlái fāqīng,
我们知到现在您不舒服。
wǒmen zhīdào xiànzài nín bùshūfu.
我们给做帮消失发青。继续护理能恢复。
wǒmen gěi zuò bāng xiāoshī fāqīng. jìxù hùlǐ néng huīfù.
别担心吧。
bié dānxīn ba.
치료 후 원래 멍이 드는데요. 현재 고객님께서 불편하실 겁니다.
멍을 없애는 데 도움이 되는 치료를 해드리겠습니다.
지속적인 관리를 하면 회복할 수 있으니 걱정하지 마세요.

> 중국인 환자들이 가장 싫어하는 말은 무조건 괜찮다고 기다리라는 말입니다.
> 기다리라는 말 보다 환자에게 맞는 사후관리 및 치료법을 제시하며 끝까지
> 책임지겠다는 태도를 보이는 것이 중요합니다.

제6장

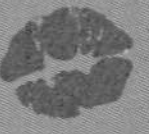

중국인 환자들에게 소개할 한복판 핫플레이스에서 중국어를 찾다

6장

중국인 환자들에게 소개할 한복판 핫플레이스에서 중국어를 찾다

•
•
•

2015년 기준 보건산업진흥원 통계에 따르면
중국인 환자들이 내원하여 진료하는 병원 순위는
다음과 같습니다.

1위 성형외과(26,537명),
2위 내과통합(18,161명),
3위 피부과(13,692명),
4위 검진센터(8,734명),
5위 정형외과(6,767명).

2015년은 한국을 찾는 중국인 의료관광객이 가장 많은 시기였습니다.
2017년 사드 배치 문제로
중국인 관광객의 수가 급격히 줄어들었지만
성형과 미용을 위해 한국을 방문하는 중국인의 수요는
꾸준합니다.

중국인 의료관광객은 각종 성형과 미용시술 등을 받고
체류하는 기간 동안 지역 명소를 관광하거나
쇼핑을 하기에 주저하지 않습니다.

과거에는 주로 외국인환자 유치업체 혹은
여행사에서 통역사나 에이전시 중개자들이
중국인 환자와 동행해서 병원에 내원했다면
지금은 중국인 환자들이 직접 병원을 찾아
개인적으로 내원하는 경우가 늘고 있습니다.

소셜미디어가 발달하면서 직접 정보를 모아서 오거나,
신뢰할 만한 지인의 소개를 받고 개인적으로 찾아오는 환자들을
어렵지 않게 접하게 됩니다.

한국을 자주 방문한 중국인 환자들은
치료 받은 후 개인일정을 스스로 정해서 움직이지만
한국이 처음인 중국인 환자들은 한국 여행이 낯설고 두렵습니다.
따라서 코디네이터로 종사하고 계신다면
업무상의 진료상담 뿐만 아니라
한국을 처음 찾은 중국인 환자들이
편히 다녀볼 수 있는 장소를 안내할 정보를 준비하고 있어야 합니다.

한국에서 체류할 남은 일정 동안
인근의 관광명소를 정리된 자료와 함께
친절히 소개해준다면 병원에 대한 이미지는
좋아질 수밖에 없을 겁니다.

이번 6장에서는
중국인 환자가 자주 가는 핫플레이스에
숨어있는 의료중국어를 소개하는 동시에
관광명소 길 안내를 할 수 있는 핵심 문장들을 소개합니다.

6-1

핫플레이스 속에 숨어있는 중국어

여러분은 인근지역의 핫플레이스를 잘 알고 계십니까? 중국인 관광객들이 자주 가는 곳에는 간판, 현수막, 브로슈어 하나까지 중국어로 제작된 문구를 빈번하게 볼 수 있습니다. 살아있는 중국어를 배우고 활용하고 싶다면 어학의 관심을 창문 밖으로 돌려보세요. 물론 책을 통해 언어를 학습할 수도 있지만, 책은 실시간 변하는 트렌드를 반영하는데 한계가 있습니다. 중국인이 모이는 공간에서 통용되는 언어를 살펴보는 것은 어학에 대한 흥미를 지속시킬 뿐 아니라 실력향상에도 도움이 됩니다. 문화에 관심을 가지면 언어는 더 쉽게 익힐 수 있습니다.

관심을 가지고 주위를 둘러보면 의외로 곳곳에 중국어 간판들이 걸려있음을 알게 됩니다. 간판은 제한된 면적 안에 핵심적인 단어를 넣어야 하기 때문에 중국인 관광객들이 주목하는 대표적인 단어들로 채워진다는 점을 인식하고 거리의 간판을 보시기 바랍니다.

우리말도 세대 간의 격차를 실감할 정도로 변화무쌍한 것처럼 중국어 역시 사용하는 말이 변하기 마련입니다. 외국어 공부는 환경이 절대적으로 중요합니다. 유학을 갈 수 있다면 좋겠지만 그렇지 못하다면 중국어와 중국인을 쉽게 접할 수 있는 공간에 정기적으로 자신을 노출시키는 것이 중요합니다. 언어는 문화 그 자체이기 때문입니다. 사람들은 흔히 어학을 어휘나 문법으로 규정합니다. 어학은 이어폰을 끼고, 단어장을 외우고, 따라 말하는 것만으로 늘 수 있다고 생각합니다. 물론 이러한 방식이 도움이 되지 않은 것은 아니지만, 지속적인 반복과 관심을 유지하기 위해서는 그 나라의 문화에 관심을 가져야 함을 명심하시기 바랍니다. 의료코디네이터라고 해서 의료용어만 습득하면 될 것이라 안심해서는 안 됩니다. 환자는 치료를 목적으로 왔지만, 환자와의 대화는 치료라는 범주에만 국한되지 않습니다. 환자는 유창한 언어보다, 정확하고 친절한 언어에 신뢰를 갖습니다. 외국인은 현지인처럼 완벽해질 수 없습니다. 외국어는 마스터가 불가능한 영역입니다. 능숙한 정도의 차이만 있을 뿐이지요. 그러니 완벽해지려 애쓰지 마세요. 자신의 업무와 연관된 언어를 무리 없이 구사할 수 있다면 당신의 언어실력은 그 자체로 훌륭합니다.

외국인 환자를 대하는 의료코디네이터라면 치료는 물론이거니와 한국의 문화와 병원인근의 관광정보 정도는 제공할 준비가 되어있어야 합니다. 서비스는 병원 내에서만 이루어지는 것이 아닙니다. 치료가 끝난 환자의 상태와 감정을 읽어 안내하는 것도 의료코디네이터의 역할이라고 생각합니다. 바로 이러한 친절이 중국인 환자를 우리 병원으로 다시 찾게 만드는 영업의 비밀입니다.

明洞
míngdòng
명동

핵심용어	한어병음	뜻
皮肤科	pífūkē	피부과
玻尿酸	bōniàosuān	보톡스(히알루론산)
肉毒素	ròudúsù	보톡스
提拉	tílā	리프팅
蛋白线提拉	dànbái xiàn tílā	실(콜라겐)리프팅
水光针	shuǐguāng zhēn	물광주사
婴儿针	yīngér zhēn	아기주사
药店	yàodiàn	약국
普通医药品	pǔtōng yīyàopǐn	일반의약품
红参	hóngshēn	홍삼
护肝宝	hù gān bǎo	호간보 (헛개나무로 만든 술깨는 약)
减肥	jiǎnféi	다이어트
肌肤光彩再生	jīfū guāngcǎi zàishēng	피부광채 & 재생

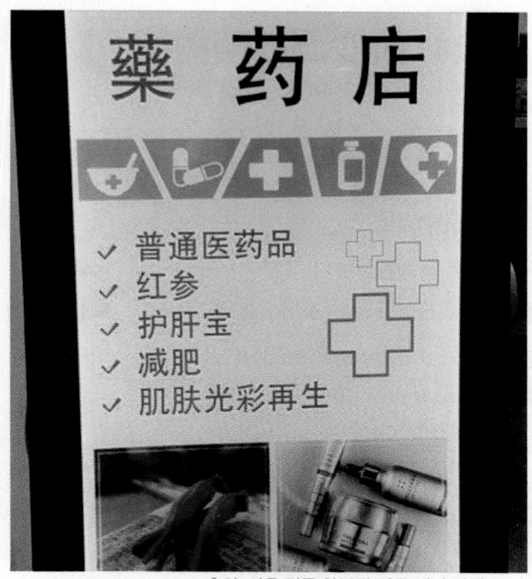

▶출처: 서울 명동 한복판 약국 베너 사진

▶출처: 서울 명동 한복판 병원 베너 사진

新沙洞林荫树街
xīnshādòng línyìnshùjiē

신사동 가로수길

핵심용어	한어병음	뜻
P.S注射	P.S zhùshè	포샵주사
下巴肉肉毒素	xiàba ròu ròudúsù	턱살지우개
吸脂全身P.S注射	xīzhī quánshēn P.S zhùshè	바디포샵주사
钻石 拉皮埋线 提升术	zuānshí lāpí máixiàn tíshēngshù	다이아몬드 실리프팅
4D隆鼻	4D lóngbí	슈퍼하이코
蜜光升级套餐	mìguāng shēngjí tàocān	파워꿀광주사

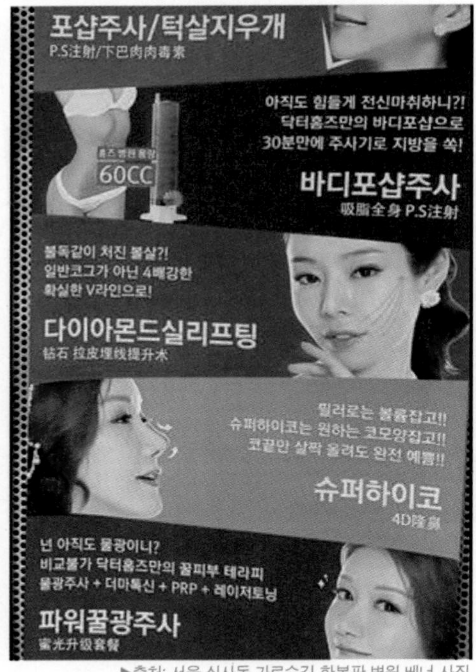

▶출처: 서울 신사동 가로수길 한복판 병원 베너 사진

江南
jiāngnán
강남

핵심용어	한어병음	뜻
半永久定妆3D	bànyǒngjiǔ dìng zhuāng sān D	반영구화장3D
双眼皮手术（埋线法）	shuāngyǎnpí shǒushù (máixiànfǎ)	쌍커풀수술(매몰법)
鼻综合手术	bízōnghé shǒushù	코종합수술
脂肪填充手术 + PRP(包含2次)	zhīfáng tiánchōng shǒushù + PRP(bāohán liǎngcì)	지방필러주사 + PRP (리터치2회 포함)
瘦脸针	shòuliǎn zhēn	안면축소주사(보톡스)
玻尿酸隆鼻	bōniàosuān lóngbí	하이코 (히알루론산 보톡스 주입)
下巴玻尿酸	xiàba bōniàosuān	턱보톡스
瘦身溶脂针	shòushēn róngzhī zhēn	지방분해주사(체형)
超声刀	chāoshēngdāo	울쎄라

여기서 잠깐!
超声刀와 乌谢拉은 같은 말

▶출처: 서울 강남 한복판 병원 홍보용 중문가격표 사진

위에 제시된 단어들과 타 핫플레이스 속에 숨어있는 의료중국어는
'최지은의 입술중국어' 인스타그램에서 발음을 직접 들으실 수 있습니다.
https://www.instagram.com/lipchinese/

6-2

우리나라 대중교통 이용 중국어 안내

치료를 마친 환자는 숙소로 가기 전 여러 정보를 묻습니다. 붕대를 감은 채로 시내를 활보하는 관광객들을 보셨을 겁니다. 환자들이 목적지를 물을 때 친절하게 안내 정도는 할 줄 알아야겠습니다.

환자가 치료를 마친 후 병원 문 밖을 나서려 한다면, 여러분이 먼저 목적지를 물어보고 안내를 해주세요. 환자는 안심하며 매우 고마워할 겁니다. 작은 친절이 큰 고객을 만듭니다.

今天您到哪里去?

jīntiān nín dào nǎlǐ qù?

중국인 환자에게 다가가서 오늘 어디로 가는지 물었을 때 중국인 환자는 아래와 같이 대답합니다.

① 我回酒店去。

wǒ huí jiǔdiàn qù.

또는

② 我要去 장소、怎么去?

wǒ yào qù, zěnme qù?

목적지를 먼저 물었을 때 ①번 호텔로 돌아간다고 답한 분도 있었지만 ②번 어디(장소)에 갈건데, 어떻게 가야하는지를 되묻는 환자가 더 많습니다. 먼저 물어주는 것으로 환자와의 관계를 강화할 수 있고, 병원의 이미지를 좋게 만들 수 있습니다. 브랜딩은 작은 감동이 쌓여 신뢰가 만들어질 때 완성되는 것입니다.

走와 去의 차이

走 walk 걷다 / 去 go 가다
'怎么走'와 '怎么去' 둘 다 '어떻게 가니?'라는 뜻입니다.
환자들이 둘 중에 하나를 택해서 물어보곤 합니다.

怎么走?
zěnme zǒu?
어떻게 가나요?

这里怎么走?
zhèlǐ zěnme zǒu?
여기 어떻게 가나요?

到这里怎么走?
dào zhèlǐ zěnme zǒu?
여기까지 어떻게 가나요?

那里怎么走?
nàlǐ zěnme zǒu?
저기에 어떻게 가나요?

到那里怎么走?
dào nàlǐ zěnme zǒu?
저기까지 어떻게 가나요?

这是什么街?
zhèshì shénme jiē?
여기는 무슨 거리입니까?

这是什么地方?
zhèshì shénme dìfang?
여기는 어디입니까?

那是什么街?
nà shì shénme jiē?
저기는 무슨 거리인가요?

那是什么地方?
nàshì shénme dìfang?
저기는 어디입니까?

환자가 거리를 물을 때는 지하철 역 위주로 말을 하거나 환자가 정확한 위치를 알고 싶다면 목적지 주소를 적어주는 것이 좋습니다.

离这儿远吗?
lí zhèr yuǎn ma?
여기서 먼가요?

离这儿近吗?
lí zhèr jìn ma?
여기서 가깝나요?

환자들은 택시를 타기 전 얼마나 걸리는 지 예상 소요시간을 물어보는 경우가 있습니다.
소요시간이 30분 이상 더 걸리면 택시보다 지하철을 이용하려고 합니다.
대략 소요시간만 알려줘도 이들은 어떤 방법으로 목적지를 갈지 예상할 수 있습니다.

可以走过去吗?
kěyǐ zǒu guò qù ma?
걸어서 갈 수 있나요?

需要走多长时间?
xūyào zǒu duōchángshíjiān?
걸어서 얼마나 걸리나요?

坐出租车的话 大概车费是多少?
zuò chūzūchē de huà dàgài chēfèi shì duōshǎo?
택시를 타고 가면 대략 요금은 얼마인가요?

请帮我叫一辆出租车。
qǐng bāng wǒ jiào yíliàng chūzūchē.
택시 한 대 불러주세요.

这附近有地铁站吗?
zhè fùjìn yǒu dìtiězhàn ma?
이 근처에 지하철역이 있나요?

这附近有公共汽车吗?
zhè fùjìn yǒu gōnggòngqìchē ma?
이 근처에 버스 정류장이 있나요?

在哪儿换车?
zài nǎr huànchē?
어디서 환승하나요?

실용회화편 중국인 환자에게 길을 안내할 때

一直往前走。
yìzhí wǎngqiánzǒu.
쭉 앞으로 가세요.

一直走。
yìzhí zǒu.
직진하세요

[在 + 장소 or 위치 + 往 + 방향 + 拐]

在那儿往右拐。
zài nàr wǎngyòuguǎi.
저기서 오른쪽으로 도세요.

在这儿往右拐。
zài zhèr wǎngyòuguǎi.
여기서 오른쪽으로 도세요.

在那儿往左拐。
zài nàr wǎngzuǒguǎi.
저기서 왼쪽으로 도세요.

在这儿往左拐。

zài zhèr wǎngzuǒguǎi.

여기서 왼쪽으로 도세요.

过马路。= 过(지나다) + 马路(도로)

guòmǎlù.

길을 건너세요.

실용회화편 중국인 환자가 지하철을 이용할 경우

[坐 + 地铁 + 숫자号线 + 从 + 출발지站 + 到 + 도착지站 + 下车
지하철을 타서 □호선 □역에서 출발해서 □역에 내리세요.]

예시) 교대역에서 경복궁역까지 지하철 탈 경우

坐地铁3号线从教大站到景福宫站下车。
zuò dìtiě sān hàoxiàn cóng jiàodàzhàn dào jǐngfúgōngzhàn xiàchē.
3호선 교대역 지하철에서 탄 후 경복궁역에 내리시면 됩니다.

[在 + 역이름站 + 换车
□역에서 갈아타다]

예시) 강남역에서 명동역까지 지하철 탈 경우

坐地铁2号线从江南站在舍堂站换车到
zuò dìtiě èr hàoxiàn cóng jiāngnánzhàn zài shètángzhàn huànchē dào
4号线明洞站下车。
sì hàoxiàn míngdòngzhàn xiàchē.
2호선 강남역에서 지하철을 타고 사당역에서 환승하여
4호선 명동역에서 내리시면 됩니다.

실용회화편 중국인 환자가 택시를 이용할 경우

우리나라 대중교통이 익숙하지 않아서 택시를 타고 다니는 중국인 환자가 많습니다.

Q. 请帮我叫出租车。
qǐng bāng wǒ jiào chūzūchē.
택시 불러주세요.

A. 您要到哪里去?
nín yào dào nǎlǐ qù?
어디까지 가십니까?

Q. 我要到장소去。
wǒ yào dào qù.
□까지 가려고 합니다.

坐出租车多长时间?
zuò chūzūchē duōchángshíjiān?
택시 타고 가면 얼마나 걸리나요?

A. 大概숫자分钟。
dàgài fēnzhōng.
대략 □분 걸립니다.

大概숫자个小时。
dàgài gè xiǎoshí.
대략 □시간 걸립니다.

Q. 大概车费是多少?

dàgài chēfèi shì duōshǎo?

대략 차비는 얼마인가요?

A. 大概韩币□万块钱。

dàgài hánbì□wàn kuài qián.

대략 원화 □원 정도 됩니다.

> 목적지까지 걸리는 시간과 비용은 확실치 않을 경우 '대략'이라는 말을 넣어서 말하는 것이 좋습니다.

실용회화편 중국인 환자가 버스를 이용할 경우

坐 숫자 路车吧。
zuò lù chē ba.

□번 버스를 타세요.

坐 숫자 路车到 장소、
zuò lù chē dào

在 장소 下车后、
zài xiàchē hòu,

就换 숫자 路车到 장소。
jiù huàn lù chē dào

□까지 □번 버스를 타서
□에서 내려서
바로 □까지 가는 □번 버스로 환승하세요.

先坐 숫자 路车、在宣陵站下车

xiān zuò lù chē, zài xuānlíngzhàn xiàchē

먼저 □번 버스를 타고 선릉역에서 내린 후,

然后坐地铁到2号线三星站

ránhòu zuò dìtiě dào èr hàoxiàn sānxīngzhàn

지하철 2호선을 타고 삼성역까지 가면

能就到。

néng jiù dào.

도착할 수 있습니다.

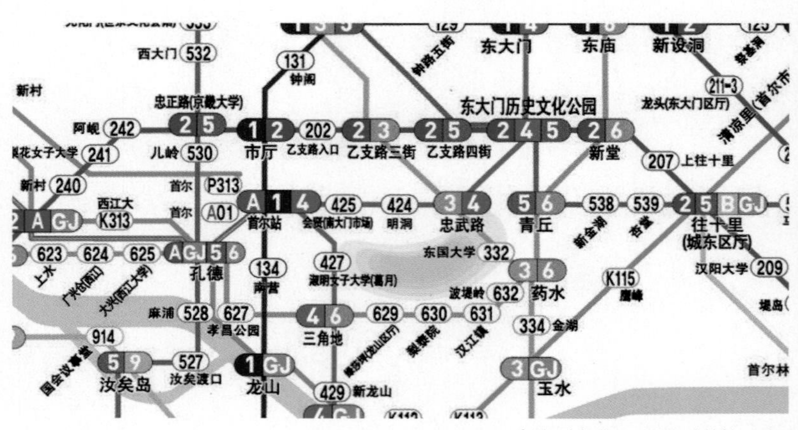

▶출처: 서울메트로 중문 지하철 노선도

Tip

중국인 환자들이 잘 가는 역 – 지하철중문노선도 활용

1号线	1호선	首尔站	서울역
2号线	2호선	江南站	강남역
		三成站	삼성역
		蚕室站	잠실역
		弘益大学站	홍대입구역
		合井站	합정역
3号线	3호선	新沙站	신사역
		狎鸥亭站	압구정역
		忠武路站	충무로역
		安国站	안국역
		景福宫站	경복궁역
4号线	4호선	明洞站	명동역
		东大门站	동대문역
		东大门历史文化公园站	동대문역사문화공원역
5号线	5호선	金浦空港站	김포공항역
7号线	7호선	清潭站	청담역
		盘浦站	반포역
9号线	9호선	新论岘站	신논현역
盆唐线	분당선	江南区厅站	강남구청역
		狎鸥亭罗德奥站	압구정로데오역
机场铁路	공항철도선	仁川国际机场	인천국제공항

에필로그

이젠 중국인 환자 앞에서 두렵지 않아

2012년 8월 새내기 의료코디네이터로 입사했던 때, 병원이라는 낯선 분위기와 생소한 의학용어들이 날아드는 두려움에 맞닥뜨렸던 그날을 떠올려봅니다. 모르면 배워야 한다는 생각에 관련 서적들을 찾아가며 틈나는 대로 공부를 했습니다. 어학서적을 찾다보니 매년 중국인 환자가 증가하고 있는데도 의료코디네이터라는 직업에 도움 될 만한 전문서적이 몇 종 되지 않는다는 사실을 알게 되었습니다. 당시 피부과와 관련된 책은 몇 권 있었지만, 제가 알고 싶었던 부분을 안내한 어학서적은 없었습니다. 그나마 나온 책들도 교과서처럼 정형화된 문장을 주로 다루어서 실제 중국인 사회에서 사용하는 말들과는 차이가 있었습니다.

의료코디네이터라면 병원에서 쓰는 의학용어는 중국어로 설명할 수 있어야 합니다. 처음에는 의사가 환자에게 하는 말을 그대로 통역했었습니다. 그러나 시간이 지나면서 그것은 환자를 배려하지 못한 나쁜 통역이라는 것을 깨닫게 되었습니다. 의료코디네이터가 의료용어를 알아야 하는 것은 당연하지만, 전달할 때는 그대로가 아닌 환자의 언어로 순화하는 과정을 거치는 것이 옳습니다. 특히나 치료 방법, 시간, 회복기간 중의 주의사항, 약물 복용법 등은 상세하고 쉽게 알려주어야 합니다. 환자를 대할 때 어떤 자세로 대하느냐에 따라 병원의 이미지가 달라집니다. 통역의 중요성은 언어의 전달 자체가 아니라, 언어와 함께 전달되는 서로 간의 감정입니다. 환자는 전달자의 말을 통해 병원의 분위기를 짐작합니다. 환자에게는 의료코디네이터가 입이고, 귀고, 눈입니다.

의료코디네이터는 멀티 플레이어입니다. 중국어는 기본이고, 상담에 필요한 전담과목에 대한 기초지식, 의학용어, 병원행정과 마케팅에 이르기까지 병원 전반적인 상태와 흐름을 감지하고 있어야 합니다.

'의료코디네이터'라는 직업은 환자와 의사간의 소통을 원활하게 하는 윤활유 역할을 해야 하고 환자를 적극적으로 유치하고 관리해 나가는 서비스 마인드도 필요합니다. 현재 중국어 의료코디네이터로 활동 중이거나, 취업을 계획하고 계신다면 어학뿐만 아니라 중국 문화에 대해 깊은 관심을 가지고 병원에 내원하는 중국인 환자 한 사람 한 사람의 성향을 파악하려는 노력을 아껴서는 안 되겠습니다.

최근 사드문제로 인해 중국 관광객 숫자가 감소한 측면은 있지만, 장기적으로 볼 때, 의료관광을 위해 한국을 찾는 중국인의 수요는 앞으로도 증가할 것이라 전망됩니다. 의료는 대한민국의 차세대 성장 동력입니다. 앞으로 외국인을 유치하는 의료관광산업은 더욱 확장될 것입니다. '의료코디네이터'라는 직업은 더욱 세분화 될 것이고 직업적 전문성을 더해갈 것입니다.

이 책에는 병원에서 자주 사용하는 관용표현뿐만 아니라 중국어를 공부하는 저자만의 방법이 실려 있습니다. 어학은 즐거움이 성장의 유일한 방법입니다. 비법은 '쉽게', '단순하게', '꾸준히', 세 가지뿐입니다. 지금까지 중국어 도전에 번번이 실패했다면 이 책이 여러분의 올바른 길잡이가 되어줄 수 있을 것이라 생각합니다. 이 책에 나오는 문장과 어휘는 병원에서 환자와 종사자가 가장 많이 사용한다는 사실을 명심하시고 틈나는 대로 읽고 말하기를 반복 실천하시길 바랍니다. 이 책을 통해 중국인 환자 앞에서도 여유 넘치는 중국어 의료코디네이터가 되시기를 진심으로 기원합니다. 여러분의 앞날에 행운을 빕니다.

입술중국어

초판발행 2018년 6월 1일

지은이 최지은
펴낸이 안종만

편 집 김상윤
기획/마케팅 장규식·김한유
표지디자인 김연서
제 작 우인도·고철민

펴낸곳 (주) 박영사
서울특별시 종로구 새문안로 3길 36, 1601
등록 1959. 3. 11. 제300-1959-1호
전 화 02)733-6771
f a x 02)736-4818
e-mail pys@pybook.co.kr
homepage www.pybook.co.kr
ISBN 979-11-303-0580-6 03720

정 가 13,000원